U0535695

壹卷
YE BOOK

洞 见 人 和 时 代

近观
04

古代人的梦与死

［日］吉川忠夫 著

许源源 译

四川人民出版社

图书在版编目（CIP）数据

古代人的梦与死 /(日)吉川忠夫著；许源源译.
成都：四川人民出版社,2025.1.（2025.5重印）.--（近观）.
ISBN 978-7-220-13793-8

Ⅰ.K235.03；K240.3

中国国家版本馆CIP数据核字第2024ZH9049号

CHUGOKU KODAIJIN NO YUME TO SHI
by YOSHIKAWA Tadao
Copyright © 1985 YOSHIKAWA Tadao
All rights reserved.
Originally published in Japan by HEIBONSHA LIMITED, PUBLISHERS, Tokyo
Chinese (in Simplified Chinese character only) translation rights arranged with
Heibonsha Limited, Publishers, Japan
through East West Culture & Media Co., Ltd., Japan

四川省版权局著作权合同登记号：图［进］21-24-202

GUDAI REN DE MENG YU SI

古代人的梦与死

[日]吉川忠夫 著　许源源 译

出 版 人	黄立新
策划统筹	封　龙
责任编辑	葛　天
封面设计	周伟伟
版式设计	张迪茗
责任印制	周　奇
出版发行	四川人民出版社（成都市三色路238号）
网　　址	http://www.scpph.com
E-mail	scrmcbs@sina.com
新浪微博	@四川人民出版社
微信公众号	四川人民出版社
发行部业务电话	（028）86361653　86361656
防盗版举报电话	（028）86361653
照　　排	四川胜翔数码印务设计有限公司
印　　刷	成都东江印务有限公司
成品尺寸	130mm×210mm
印　　张	7
字　　数	140千
版　　次	2025年1月第1版
印　　次	2025年5月第2次印刷
书　　号	ISBN 978-7-220-13793-8
定　　价	68.00元

■版权所有·侵权必究
本书若出现印装质量问题，请与我社发行部联系调换
电话：（028）86361656

目录
CONTENTS

第一章 如魂气无不之也 / 001

一、伊洛瀍涧 / 001

二、金缕玉衣 / 003

三、黑暗的空间 / 010

四、厚葬与薄葬 / 019

五、反真 / 028

第二章 寒食散与仙药 / 032

一、神明开朗 / 032

二、服用注意事项 / 037

三、服食求神仙 / 039

四、多为药所误 / 045

参考文献 / 047

第三章 梦的记录——《周氏冥通记》 / 048

一、神明开朗 / 048

二、《周传》——周子良传 / 054

三、华阳洞天 / 064

四、感通神灵 / 078

五、陶弘景的叹息 / 092

第四章　佛在于心——从《白黑论》到姚崇的《遗令诫子孙文》 / 099

序　言 / 099

一、姚崇《遗令诫子孙文》诞生的背景 / 101

二、止足与家产分割 / 109

三、遗令与佛教——唐朝以前 / 113

四、姚崇《遗令》中的佛教 / 121

五、武韦时代造寺造像之风及其批判者们 / 132

六、《白黑论》 / 146

七、傅奕的《高识传》 / 156

八、东山法门 / 163

结　语 / 172

第五章　道教之旅 / 176

一、游客须知 / 176

二、楼观——天下洞天之冠 / 179

三、蝉蜕渡世 / 182

四、与唐王朝挂钩的楼观 / 186

五、唐玄宗与道教 / 189

六、今日的楼观 / 194

七、全真教复兴楼观 / 199

八、正一教的玄妙观 / 206

后　记 / 212

| 第一章 |
如魂气无不之也

一、伊洛瀍涧

去年①12月26日,我们"中国研究者友好参观团"一行人搭乘ＲＷ50647软卧列车(上海—成都)从南京出发,历经十四小时终于于27日上午10点抵达洛阳。如果要前往成都还要越过前面的潼关,翻过秦岭,再一直南下,至少需要一天一夜的时间。

当时我们住在洛阳的友谊宾馆,宾馆的外观、房间的布局、食堂的餐饮,处处都保留着中苏关系蜜月期的余韵。我们在宾馆里稍作休息并用过午餐后,工作人员就带领我们去参观被迁移到劳动人民公园的汉墓。来到公园正门,不知何故竟然让人有身临京都植物园之感。穿过正门往左走就能见到一座吊桥,桥下的黄土地上流淌着一条幽

---

① 去年,指的是1975年。

深的河流，河面距离吊桥有十米左右。那正是早在《尚书·禹贡》中就有记载的"伊洛瀍涧既入于河……"的四水中的涧水。不论是此处的涧水，还是次日28日参观龙门石窟时领略到的、从南北两壁之间滔滔流过的伊水，还有往返龙门时经过的洛水，都清冽无比，让人不禁想取一瓢饮。走下吊桥后映入眼帘的是屹立于道路两旁的松柏，仿佛昭示着我们已经进入茔域①。我们走马观花似的路过一个墓地，工作人员只介绍了一句"那是西晋墓"，然后我们便来到了汉墓前。其中一个是1956年发现的西汉墓，另一个是1954年发现的东汉墓，两个墓之间相距大概不到十米。正红色的门显然是新建的，在一碧如洗的华北天空的衬托之下显得特别耀眼。打开门闩后，我们穿过一条很短的甬道便下到距离地表大约一二米的地下。墓室是用砖筑成的，里头挂着一颗光秃秃的裸灯泡，壁画虽有剥落但依旧鲜艳。墓室由前室、前室左右两侧的耳室以及后面的主室构成。我们一行人除了十五名团员之外，还有洛阳博物馆的工作人员，包括负责带领我们参观的蒋若是老师等人，以及全程陪同我们的中国国际旅行社的陈平晖先生和陈艳桃女士。新四军出身、体魄魁梧、声音浑厚的陈平晖先生搭配上身材娇小的陈艳桃女士，真是妙趣横生，不知何时开始团员们就管他俩叫"老陈"和"小陈"。墓室很

---

① 译注："茔域"意为墓地。

小，难以同时容纳下我们一行近二十人。后来，我曾站在西安华清池背后的捉蒋亭，眺望到五公里外雄伟的秦始皇陵坟丘，也曾领略过明朝万历皇帝的定陵。明定陵位于北京郊外，宛如一栋巨型建筑的地下器材室。虽然在规模上洛阳汉墓与它们有着天壤之别，但那边长数米、四四方方的空间里确实自有它的一番天地。毋庸置疑，这也是古代中国人把现实带进死后世界的一种表现。对眼前所见感到异常兴奋的似乎不止我一个人。参观结束后K先生说把拍照用的打光灯落在墓室里了，当时为了防寒，K先生跟别人借了一件棉大衣来穿，仔细找了一圈才发现那打光灯原来一直被K先生揣在棉大衣的口袋里。

古代中国人，尤其是汉朝人，到底对坟墓所体现的死后世界寄托了什么样的念想呢？

二、金缕玉衣

1959年秋冬之交，在陕西省潼关县往西约十里、渭水南岸的吊桥处，发掘出了一个汉墓群，共七座。墓前立着一座明朝万历元年（1573）的碑，上书"修复汉太尉杨先生茔记"。汉太尉杨先生指的是东汉杨震。杨氏乃西汉名门望族，本籍在弘农郡华阴。如今的潼关县就在西汉的弘农郡内，因此杨震可谓是奠定了弘农杨氏之根基的人物。发掘过程中发现随葬品中有一个瓶子，瓶腹虽严重剥落，但仍旧可以辨识出十三行朱书，每行七字。其中可见"炀氏"二字，凭此可以断定是杨氏之墓无误。"炀""杨"发音均为yang，字形的差别并不成问题。七座墓室可以分为十字形墓室、方形或带状墓室以及双主室墓室几种类型，但规模都跟我们在洛阳见到的汉墓相差无几。七座墓室按东西方向排列、间距十五米至二十米，墓道均为南向，据推断位于最东边的便是杨震墓。（陕西省文物管理委员会：《潼关吊桥汉代杨氏墓群发掘简记》，《文物》1961年第1期）

《后汉书》有为杨震立传，但据其中所言，杨震并非一开始就葬在此处。汉安帝延光三年（124），受中常侍樊丰等宦官的谗言所害，杨震被免去太尉之位，还被贬至弘农郡反躬自省。杨震行至洛阳城西的夕阳亭时，谓其诸子门人曰：

死者士之常分。吾蒙恩居上司，疾奸臣狡猾而不能诛，恶嬖女倾乱而不能禁。何面目复见日月！身死之日，以杂木为棺，布单被裁足盖形，勿归冢次，勿设祭祠。

言毕，饮鸩而卒。杨震欲诛杀樊丰等奸臣、严惩安帝的乳母王圣及其女伯荣等嬖女却不能如愿，抑郁不得志的他最终被逼走上了自杀的道路。他认为自身是无用之人，"勿归冢次"，说的是杨震命门人用最简朴的方式将他就地下葬，而不必归葬于桑梓之坟。

但诸子门人似乎觉得有失妥当便没有遵其遗命，打算将其灵柩运至弘农。不料弘农太守对樊丰阿谀奉承，当他们行至陕县时，太守便命人拦下灵柩，致使杨震蒙受灵柩被抛于道旁的屈辱。所幸，杨震很快便沉冤得雪。岁余，顺帝继安帝之位，樊丰等人被诛，门人们为彰显杨震的功绩到处奔走。多得此举，杨震不仅一雪前耻，朝廷还下赐百万钱，以礼改葬于华阴潼亭。《后汉书》的注释者——唐章怀太子李贤是唐高宗与则天武后之子，近年因为在陕西省乾县的李贤墓中发掘出了一系列色彩艳丽的壁画，包括《狩猎出行图》等，而使得李贤声名大噪。李贤为《杨震传》作注释曰："墓在今潼关西，大道之北"，指的就是如今潼关县的吊桥吧。

继杨震之后，弘农杨氏还出了杨秉、杨赐、杨彪三代太尉，在东汉时代堪称数一数二的名门望族，繁荣兴盛一时。杨震不仅随着大量的陪葬品被改葬到今日仍遗存于世的墓室，想必后人祭奠他时也是兴师动众、大张旗鼓，与其遗志相悖。后来，有报告称在河南省灵宝县（今灵宝市）张湾也发掘出了四座东汉杨氏墓。（河南省博物馆：《灵宝张湾汉墓》，《文物》1975年第11期）灵宝县虽然距离东汉时期的弘农郡华阴县较远，但仍属于弘农郡内，据说是弘农杨氏一支族的坟墓。墓室内遗留的几个罐的腹部上有朱书字迹可辨，如"天帝使者，谨为杨氏之家镇安隐冢墓"。可知此乃镇墓瓶,有咒符之效,同时墓主也姓"杨"。"天帝使者",指的是埋葬死者时为安抚管理地下世界的官人,由地上世界地位最高的神——天帝派来的使者。(林巳奈夫:《汉代鬼神的世界》,《东方学报》第46册)更引人注目的是,另一行朱书写道:"君自食地(下)租岁二千万(石),令后世子子孙孙仕宦,位至公侯富贵,将相不绝。"这是在祈愿地下死者生前未能实现的家族繁荣和地上子子孙孙的富贵荣达。杨震墓中必定也有类似的镇墓瓶吧。可以说,"四世太尉"的祈愿自杨震改葬之日起就已成真了。

如此一来,坟墓便沦为一方俗上加俗的世界。古人说"三年之丧",据《后汉书·陈蕃传》记述,有人葬亲后不封墓道,岂止服丧三年,那人竟在墓室中居丧长达二十多年,人人都称其为孝行者,纷纷向州郡举荐之。但一经调查,就发现他的五个孩子都是在服丧期间出生的。这可谓是以坟墓为舞台演的一出俗不可耐的丑剧。这个例子或许有些太极端了,但确实生者的种种意图、心机通常都会被带进坟墓里,而这些往往与死者的遗志相悖。于是乎,坟墓便成了生者的意愿或心机的一种体现。

虽然坟墓成为财富和权威的象征并不是某一个时代的特定现象,但在东汉时期,上至贵戚百官下至商贩平民,尽管朝廷再三禁令,也难挡极尽奢华的厚葬之风盛行。据王符的《潜夫论》所述,公元二世纪的人,尤其是京城贵戚，选用棺椁的木材时讲究使用产自江南的檽梓、豫章之木。檽梓豫章伐之高山，引之穷谷，木理细密，需先走海路，再经淮水、黄河、洛水运至洛阳，经过工匠们精心的雕刻才能制成棺椁。这些重达千斤的棺椁不但满足了京城贵戚的需求，还被销往东边的乐浪，西边的敦煌。王符附言道：

> 今京师贵戚，郡县豪家，生不极养，死乃崇丧。或至金镂玉匣，檽梓楩柟，多埋珍宝、偶人、车马，造起大冢，广种松柏，庐舍祠堂，务崇华侈。

"金镂玉匣"同"金缕玉衣"，比如那件在河北省满城的中山靖王刘胜墓中发掘出来的举世闻名的金缕玉衣。王符批判"京师贵戚，郡县豪家"盛行厚葬之风，从他的立场来推断这些人指的应当是宦官及其党羽。

到了公元二世纪，东汉王朝伺候内事的宦官势力骤然扩大，对此深恶痛绝的有为之士们以"清流""有德之贤者"自居，而称宦官及其牵连的势力为"浊流"，两派的对立抗争日益白炽化。最终，汉桓帝延熹九年（166）及汉灵帝建宁二年（169）前后发生了两起党锢事件，清流中的激进分子因党人之罪被逐出官界，事件以浊流取胜而告终。党锢事件使得政局愈加混沌，东汉王朝最终在混乱之中加速走向瓦解。我的目的并不是要细说历史，我想说的是，清流人士列举的浊流的罪证之一就是厚葬风气。比如永兴元年（153），冀州刺史朱穆听说宦官赵忠将其父归葬于冀州部内，并用玙璠、玉匣、偶人等陪葬，遂命人调查详情。玙璠原本是国君才能佩戴的美玉，有一个与玙璠有关的典故，讲的是春秋时代，鲁国季氏的家臣阳虎打算用玙璠来为主人季平子陪葬的愚蠢之事。至于玉匣，也就是用金丝缀编而成的金缕玉衣，原本非国君不能穿，银缕玉衣也只有诸侯王、列侯、始封的贵人、公主才能穿戴，铜缕玉衣则是大贵人、长公主专用的。"偶人"指的是人形明器。安平郡吏看朱穆态度非常坚毅，心生畏惧，便挖出赵忠之父的坟墓，破其棺，拖其尸，收监了赵氏家族。对此，批判朱穆行之过甚的声音不绝于耳，致使朱穆反被兴师问罪。后来数千名太学生到宫中上书，朱穆才得以被释放。可见当时的京师太学是清流势力的一大据点。再举一个张俭的例子，此人正是引发了第二次党锢事件的导火索。在党锢事件之前张俭曾任山阳郡东部督邮，当时他就曾弹劾过权势滔天的宦官侯览，其奏章中有一节如下："豫作寿冢，石椁双阙，高庑百尺，破人居室，发掘坟墓。""寿冢"指的是生前造好的坟墓，据说古人有时还会在寿冢中举办欢宴。让我们暂时把时间轴跳转到距东汉甚远的五胡十六国。据《晋书》记载，后秦时代，西胡有一人叫梁国儿，常与妻妾们在寿冢内饮宴，酒酣时便上"灵床"高歌放吟。

话说回来，既然清流对浊流的厚葬之风持批判态度，那么他们本人自然就应当选择薄葬。朱穆于延熹六年四月丁巳死于洛阳，五月丙申，葬于宛邑之北、万岁亭之阳、旧兆域之南。据蔡邕所书《朱穆坟前方石碑》记载，朱穆对遗子朱野如是顾命：

> 古者不崇坟，不封墓，祭服虽三年，无不于寝。今则易之，吾不取也。尔其无拘于俗，无废于诫。

再比如范冉，遭遇党锢之后，卒于中平二年（185），享年七十四岁。一生狷介的他留下了遗书如下：

> 吾生于昏暗之世，值乎淫侈之俗，生不得匡世济时，死何忍自同于世。气绝便敛，敛以时服，衣足蔽形，棺足周身，敛毕便穿，穿毕便埋。其明堂之奠，干饭寒水，饮食之物，勿有所下。坟封高下，令足自隐。

坟丘要做多高呢？范冉说，人站着抬起手肘能够到的高度即可。按我们的常识来看，这种葬法恐怕称不上恭敬，想必范冉此举是想通过自己的实际行动来批判世间的厚葬风气。

三、黑暗的空间

不过，也有人无视家人、世人的意愿，只是单纯抱着对死的憧憬去赴死，也没有要特意矫正厚葬之风的意思。

东汉末年有一人叫赵岐，原名赵嘉，他寄身于群雄之一荆州刘表的门下。建安六年（201），当时的局势已经到了是个明眼人都能看穿东汉王朝的穷途末路的境地，九十多岁高龄的赵岐就在此时遽归道山。众所周知，赵岐是第一个给《孟子》作注的人。赵岐逝世前，为自己做了寿藏，即寿冢。寿藏内挂着吴国季札、郑国子产、齐国晏婴、晋国叔向等四位春秋贤者的画像，居宾位，主位上则是赵岐本人的自画像，皆附有赞与颂。赵岐临死之际，留下遗诫如下：

> 我死之日，墓中聚沙为床，布簟白衣，散发其上，覆以单被，即日便下，下讫便掩。

"白衣""散发"，这是他放弃生前的衣冠束带的宣言。虽然埋葬的方法很简单，但不得不说赵岐在冥界的生活是真豪华。画中的四位人物必定是赵岐平日敬慕的先贤，与他们面对面"存情好，叙宿尚"才是赵岐设画的目的所在吧。那么，是否因为支配地下世界的时间系统不同于地上世界，才使得画中跨时代的宴飨得以实现？还是说地下世界根本不存在时间一说呢？墓道，实乃时光隧道也。李贤所作的注释称赵岐墓在荆州古郢城，也就是今湖北省江陵县的东北部，但如今距离李贤的时代已经过去了一千三百年，赵岐墓是否仍存留于世？画像的纹样如何？赞颂所言何物？我们都无从得知，或许跟山东省嘉祥县武梁祠的画像石上所雕刻的《宴饮图》相似吧。（长广敏雄：《汉代画像的研究》，中央公论美术出版，1965，第165页）

不可否认，赵岐心中应该对死亡的世界，或者说对黑暗的世界带有类似于憧憬的情感。但其实他在少壮时期曾留下一份遗书，三十余岁时，赵岐身患重疾病卧床七年，自觉时日无多的他，给兄长之子留下遗书如下：

> 大丈夫生世，遁无箕山之操，仕无伊吕之勋，天不我与，复何言哉！

赵岐说，我身为男儿大丈夫，既没有像隐居箕山的许由一般明澈的心，也未能像殷周的开国元勋伊尹、太公望吕尚那般立下汗马功劳。现在老天对我弃之不顾，我也无可奈何。你就在我的墓前立一块圆石，刻上这几句话：

> 汉有逸人，姓赵名嘉，有志无时，命也奈何。

这份遗书字里行间都流露着赵岐对生的无尽执着。

六十年后在他身上看到的类似于对死亡世界的憧憬之类的情感,在这里根本看不到一点踪影。能读到的只有一个男人抑郁不得志的呻吟和他对天、对时、对命的怨念。同一个人,对死的态度前后如此悬殊,是否可以说这种态度是会随着年岁的增长而改变呢?

留遗书对任何人而言都是非常意义深沉的行为,相当于已经经历了一次死亡,好比死后重生。虽说赵岐有幸能从重疾中痊愈,活到九十余岁高寿,他的肉体确实死后重生了,可那之后他的人生经历异常坎坷,说是死亡世界的延续也不为过。

汉桓帝延熹元年(158),赵岐任京兆郡功曹。当时,赵岐的长官京兆尹一职原本由一直提拔他的延笃担任,后来唐玹被提拔为京兆尹,赵岐便弃官与侄子赵戬逃避他乡。唐玹是宦官唐衡的兄长,此前在京兆郡任虎牙都尉,相当于现在的警察局局长。由于唐玹不是凭德行当的官,受到赵岐等众多士人的强烈批判。赵岐对宦官的憎恶可谓根深蒂固,他担任皮氏县县长时,甚至一听到宦官左悺的兄长将担任其直属长官河东太守一职的消息,就立马卷铺盖撤回故乡京兆郡长陵。毋庸赘言,赵岐是清流派士人。唐玹一旦上任,必定会对他进行打击报复。于是赵岐便开始了逃亡生活,尽管如此后来其长兄磐、次兄无忌及其家人还是被唐玹一一斩杀,无人幸免。《三国志》注所引的《魏略·勇侠传》的描述和前文介绍的《后汉书·赵岐传》虽有所出入，但赵岐原名嘉，字台卿，后为避难改名岐，字邠卿，这点是没有争议的。其足迹曾到达"江淮"、即长江和淮水一带，还到过"海岱"，即如今山东省青州。他甚至还戴絮巾披布袴，乔装打扮成一卖饼商贩到北海（山东省寿光市）的市场做买卖。

赵岐在那里遇到了一位人物——北海郡安丘县孙嵩。当时孙嵩坐着牛车经过市场，惊于那卖饼大郎非同寻常的模样，便喊他上车，放下帷帐对他说道："我看先生不像是个卖饼的。方才我叫住先生的时候，看您的表情若不是有什么深仇大恨要报，便是亡命天涯之人。我乃北海孙宾石，家有百口人，或许能助先生一臂之力。"孙宾石，即孙嵩，乃游侠之士，赵岐早有耳闻，便以实情相告。于是孙嵩把赵岐带回府中，向年迈的母亲禀告："儿今日出门，结识了一位可以出生入死的朋友。"孙嵩引赵岐入座，设宴款待。从那时起直到唐衡一族灭门的数年里，赵岐一直躲在孙嵩家中的复壁之内。所谓复壁，也就是双层夹墙，四面皆被封住，呈密室构造，与墓室颇为相似。不过，就像赵岐要在墓中宴飨季札、子产、晏婴、叔向等人一样，想必他在复壁内的生活也并非只有灰暗的一面。在那一方天地里，赵岐同样宴飨了古代圣贤。赵岐的《孟子》注就是在孙嵩府中的复壁内写成的，这在序言《孟子题辞》中有明确记述：

知命之际，婴戚于天，迍屯离蹇，诡姓遁身，经营八纮之内，十有余年，心剿形瘵，何勤如焉！

赵岐回想到他为了躲避唐衡一派的迫害，隐姓埋名、逃难四方的经历，说道：

尝息肩弛担于济、岱之间，或有温故知新，雅德君子，矜我劬瘁，眷我皓首，访论稽古，慰以大道，余困吝之中，精神遐漂，靡所济集，聊欲系志于翰墨，得以乱思遗老也。

"济岱之间"指的是济水和泰山一带，也就是今日的山东省，当地的"温故知新、雅德君子"除了孙嵩别无他人。对照史册就能发现，在那复壁之中，为了能将剪不断理还乱的万千思绪转移到某一个点上，赵岐开始执笔写作，其作品正是《孟子》注：

惟六籍（六经）之学，先觉之士释而辩之者既已详矣。儒家惟有《孟子》闳远微妙，缊奥难见，宜在条理之科。于是乃述己所闻，证以经传，为之章句，具载本文，章别其旨，分为上、下，凡十四卷。

复壁中的生活长达数年，恐怕已经给赵岐带来一种错觉——黑暗的世界才是常态。复壁内的狭小空间自然与阳光无缘，也没有空隙容纳下一段时间让他得以分隔古今。正因如此，《孟子》中的人物群像才会浮现在他的脑海里，他才得以和先贤们把手言欢，促膝长谈吧。赵岐为《孟子》所作的注释基本上都忠于原文，既看不到过去他与宦官交锋时的激奋，也不见他在注中寄托自身的感慨，字里行间都透露着复壁内那仿佛要将人吞没般的黑暗气息。复壁中的生活终于在数年后画上了句号，赵岐虽然得以重返婆娑世界，但在延熹九年和建宁二年发生的党锢事件中均受到连坐。他没有再捡起旧名赵嘉、旧字台卿，这是否证明他其实并不希望从黑暗世界中重生呢？他在寿藏中挂起四贤像与自画像，其意难道不是想将在复壁中生活的回忆原原本本带进坟墓里吗？

话说，东汉末年还有一位人物和赵岐一样，偏要选择在黑暗的世界里生活，而且同样也是在地上虚构的死亡世界。那人叫袁闳。汝南汝阳袁氏，从袁闳的高祖父袁安起，袁氏四代均位及三公，即太尉、司徒、司空，地位显贵，被称作"四世三公"，是能与"四世太尉"的杨氏并肩的东汉名门。袁氏家族的车马衣服无一不奢华到极致，富强之势据说在杨氏之上。建安五年，即公元200年的官渡之战中败给曹操的袁绍，以及群雄之一袁术，都是袁闳的从祖兄弟。但唯有袁闳厌恶袁氏的繁荣，一生坚持隐居不仕。东晋袁宏在《后汉纪》中提到其为人秉性时写道，"自安至闳，四世三公，贵倾天下。闳玄静履贞，不慕荣宦，身安茅茨，妻子御糟糠"。其父袁贺任彭城国相时，袁闳深藏姓名，孤身一人从汝阳走到彭城去谒见双亲。到了国相府前，因打扮太过寒碜，连续数日下人都不替他通报。碰巧有一日，乳母来到门前碰见袁闳，袁闳这才与双亲见上一面。临走时，袁闳又以晕车为由拒绝乘坐府上准备的车马，据说往返途中，无一人认出他是袁闳。《后汉纪》在提到袁闳的弟弟袁弘时写道："耻其门族贵势，乃变姓名，徒步师门，不应征辟。"袁闳兄弟改名易姓的行为与赵岐一样，从中都可以看出，他们渴望抹消自己作为一名社会成员的归属性。切断汝南汝阳袁氏这条脐带，自暴自弃般地过上漂泊者的混沌生活，埋头享受这一发不可收拾的崩坏感，这样的态度也可以说是对黑暗的一种向往吧。

党锢事件前夕，袁闳终于解冠绝世，切断了与世间的联系。那之后的生活，与死者别无二致。只是，他也有一个难以割舍的人。那便是他年迈的母亲。袁闳原本下定决心归隐深林，但考虑到母亲，他还是选择在庭院里的土屋生活。

土屋没有门，只设有窗户，专门用来递饮食。而且，窗户平时也紧闭着，连兄弟妻子也见不上他一面。所食只有姜菜，如果送来其他饮食，他便会拒绝道："我是袁氏一族的累赘，你们别再管我了。"尽管如此，他每天清晨必定会朝东拜母，无一例外。唯独母亲来见他时才稍微打开窗户应答。母亲一走他就又回到原本的黑暗世界里。但据说其母死后，袁闳完全没有要为母亲服丧的意思。袁闳的母亲是能把土屋里的袁闳和生的世界连接起来的唯一通道，这条通道被切断后，袁闳终于能继续生活在死的世界里了。世人称之为"狂生"，但他本人从未提及在土屋的生活，替他讲述这段历史的是清初的李二曲先生，即李颙。李二曲学风严酷有如他的故乡陕西盩厔的风土，他也厌恶与世间联系，人生中的大部分时间都是在土屋中度过的。这样的他自然是知道袁闳的。

昔袁闳栖土室……虽骨肉至亲亦不相见。

《李二曲先生全集》卷十六《答张伯钦》中有如上记述，我想再从全集中引用几句：

余土室中人也。灰心槁形，坐以待尽。荆扉反锁，久与世睽。断不破例启钥，接见一人，并旧所从游，亦概多不面。有固求言以自勖者，因书揭壁戒子之言，贻之以代对晤。（卷十九《家戒》书后）
仆土室中人也……世务未尝萦怀，世事绝口弗及。坐以待死，业同就木。（卷十八《东钦差查荒诸公》）

李颙在土屋中的生活，只剩下"待尽""待死"。不，岂止如此，李颙说自己形同"就木"，也就是一脚踏进棺材的状态。

袁闳在土屋里过了十八年，后来汉灵帝中平元年（184），黄巾起义军在今河北起义，号称要平定乱世，并迅速席卷全国各地。汝南地方也遭到劫掠。当时，袁闳在土屋里不停地诵"经"。于是黄巾起义军相约不侵犯袁闳所在的闾巷，乡人们都到袁闳那里避难而得以保全性命。此外还有其他黄巾军行军时避开某个特定人物的例子，这并不稀奇。比如济阴武成的孙期，是个出色的学者，因家境贫穷靠养猪为生，有弟子敬慕他学问造诣高深，甚至千里迢迢来到此处，手持经书，在草泽里跟在孙期身后求学问道。据说乡里被其仁让感化，黄巾军路过此地时也相约"不犯孙先生舍"。此外，乐安博昌的任旐、豫章南昌的徐胤以及北海高密的大儒郑玄亦是如此，有一种解释是，这是因为黄巾反乱的目的就在于促进这些贤者、有德之士带头搞乡邑建设。（川胜义雄：《六朝贵族制社会研究》第一部第二章《汉末的抵抗运动》，岩波书店，1982）确实，袁闳厌恶袁氏一族的骄奢之风，他的身上有着严苛的自我约束精神和对母亲的无垢之爱。但单看袁闳的情况的话，光是他在土屋里不停诵经的样子，就足以让黄巾军心生恐惧了吧。"头不著巾，身无单衣，足常木蹻"，以这般装束披头散发地沉浸在诵经的世界里，又与居于墓室的鬼神何异？他所诵的"经"，想必是《孝经》吧！侍中向栩听到黄巾军举兵之报，便向朝廷进言："但遣将于河上，北向读《孝经》，贼自当消灭。"人们信奉《孝经》，认为《孝经》有如咒文，诵读便能起到除魔之效，如鬼神诵之，必定效果超卓。

在土屋里一味等待死期到来的袁闳，终于在五十七岁那年离世。在此引用其遗书如下：

> 勿设殡棺，但着禅衫、疏布、单衣、幅巾。亲尸于板床之上，五百墼为藏。

"禅衫"指的是单衣衬衫。"幅巾"即隐士所戴的头巾。"板床"应该是指把土捣实制成的床，与《孟子·公孙丑下》中的"无使土亲肤"恰恰相反。"墼"同砖。

四、厚葬与薄葬

不论是赵岐还是袁闳，虽然遗书上指示的埋葬方法都极为简朴，但他们的墓室起码是有带壁画装饰的或者是由五百块砖头砌成的。之所以要修建这一小方空间，想必是为了把在复壁或者土屋中的黑暗世界生活过的回忆永远封印在地下吧。对在复壁、土屋生活过的他们来说，死亡世界就如同现实一般历历在目。但事实上，一提到死后的世界，大多数的人是无法联想到任何现实因素的。在他们看来，生就是天赐予人的气（即灵魂）和地赐予人的气（即肉体）的合体，而死就是把灵魂和肉体分别还给它们原本的世界（即天和地）。东汉一位知名的自然主义者王充曾在《论衡·论死》中说道："人死精神升天，骸骨归土，故谓之鬼。鬼者，归也；神者，荒忽无形者也。""鬼者，归也"，当时广泛流行用通假法来解释"鬼"。而且有不少人的临终遗言跟王充如出一辙，比如跟王充同一时代的崔瑗。崔瑗死于汉安二年（143），享年六十六岁，他在临死前对其子崔寔留下遗书如下：

夫人禀天地之气以生，及其终也，归精于天，还骨于地。何地不可藏形骸，勿归乡里。

崔瑗说，既然人的形骸应该归还于地，那葬在哪里又有何区别呢？因此崔瑗没有归葬故乡涿郡安平，而是被葬在洛阳。距离崔瑗半世纪前，有一位人物叫张霸，他也没有归葬故乡蜀郡成都，而是被葬在洛阳附近的河南梁县，应该也是出于同一思想：

昔延州使齐，子死嬴、博，因坎路侧，遂以葬焉。今蜀道阻远，不宜归茔，可止此葬，足藏发齿而已，务遵速朽，副我本心。

"延州"指的是延陵的季子,即赵岐的墓壁中所画的四贤像中的吴国季札。季札出使齐国,归途中同行的长子不幸身亡,葬在嬴、博之间。葬礼上季札褪去左袖,自右方绕墓而行,期间三次放声痛哭,道"骨肉归复于土,命也。若魂气则无不之也,无不之也",言毕遂离去。这段历史被记载在《礼记·檀弓下》。骨肉归土魂还天,依此理论,若将尸体封闭在厚墙筑起的墓室中,反倒阻碍了"无不之也"[①]的魂自由飘散。

因此,薄葬胜于厚葬,岂止如此,坟墓甚至成了无用之物。不朽的肉体令人生怵,还是速朽为宜。这一点我们在张奂的遗书当中也能窥见一二。张奂卒于光和四年(181),享年七十八,他在遗书中写道:

地底冥冥,长无晓期。而复缠以纩绵,牢以钉密,为不喜耳。

被囚禁在灵柩中的魂气,其实一直在等待着从冥冥地底之中得以解放的日子。桓帝时代的赵咨也在遗书中明确表达了这一层意旨。

议郎赵咨在洛阳得疾后,给自己买了一个小小的白木棺,准备了二十石黄土捣碎过筛。临终之际,赵咨命令

---

① 译注:"无不之也",意为哪里都可以到达。

故吏，即以前的下属朱祇和萧建，给他穿上现有的故巾和单衣，放在铺满黄土的棺中即可下葬。这体现了他希望通过让尸体充分接触沙土使得肉体能早日归于大地的朴素思想。这与为了追求肉体的不朽而筑起厚实的墓壁，给尸体穿上玉衣，或者像马王堆那样在棺椁上面堆满木炭，再用白膏泥填塞封固等行为所体现的思想是对立的。赵岐"聚沙为床"，袁闳"亲尸于板床之上"，与赵咨应该是出自同一思想。而且，赵咨还另写了七百字自带讲解的遗书，谆谆不倦地劝说他的孩子，告诉他厚葬有多么的愚蠢，在此引用如下片段：

> 夫含气之伦，有生必终，盖天地之常期，自然之至数。是以通人达士，鉴兹性命，以存亡为晦明，死生为朝夕。故其生也不为娱，亡也不为戚。

如庄周所言："死生命也，其有夜旦之常，天也"，对由气构成的"含气"①而言，生死存亡跟天体运行带来晦明、朝夕一样，都是有规律的天地周期，是自然的终极理法。

> 夫亡者，元气去体，贞魂游散，反素复始，归于无

---

① 译注："含气"即人。

端。既已消朽，还合粪土。土为弃物，岂有性情？而欲制其厚薄，调其燥湿邪？

李贤注中说，"素"和"始"指的是天地之初，即天地未分以前混沌的太素太始，是《列子·天瑞》"有太易，有太初，有太始，有太素。太易者，未见气也；太初者，气之始也；太始者，形之始也；太素者，质之始也。气形质具而未相离，故曰浑沦（混沌）"中的太素太始。赵咨认为魂应越过天，回归其原本的根源太素太始。但他并没有对魂在太素太始游散的意象作进一步的描述，只是一味地劝说，为了终将和无性情的粪土化为一体的肉体，而讲究墓室墙壁的厚薄、调节墓室的干湿是百无一用的。埋葬制度原本是因为死者亲属不忍看到肉亲的尸体腐烂而被创造出来的。如《周易·系辞传》所言："古之葬者，厚衣之以薪，葬之中野……后世圣人易之以棺椁"，棺与椁即内棺和外棺是从黄帝之时开始使用的。尧、舜、禹时代的葬礼只用瓦和木，相当质朴，到了殷代才开始添加装饰。周代则更加华丽，棺椁的外侧还要再盖上棺罩，旁边放上形似大扇的"翣"，称之为"墙翣之饰"；再插上能表明死者身份的旗帜，称为"旌铭之仪"；还要召回死者的灵魂，或在死者口中放一玉珠、为死者穿衣，即"招复含敛之礼"；一系列的殡仪之后才到该葬入茔域的"殡葬宅兆之期"；根据身份不同应准备的棺椁数量也不同，称之为"棺椁周重之制";不仅如此,衣衾的数量也有不同的规定,称之为"衣衾称袭之数"等等,葬送制度至此变得日益繁琐。起初人们严格遵守爵秩、贵贱的等级制度,但成王、康王以后秩序开始被打破,到了春秋战国之时等级制度可谓荒废到了极点。比如,身为诸侯的晋文公请求周王批准他在墓室里挖"隧",即埏道,而挖埏道原本是只有周王才能享用的葬仪;还有《诗经》中的《秦风·黄鸟》:"临其穴,惴惴其栗。彼苍者天,歼我良人!"当中悲情讴歌的秦缪公的三位良臣——奄息、仲行、针虎为秦缪公殉葬一事;以及宋国司马桓魋那费时三年也未能完工的极尽奢侈的石椁,孔子见之不禁叹息"死不如速朽之愈也"。

赵咨还曾唇焦舌敝地批判秦始皇的骊山陵"自生民以来,厚终(厚葬)之敝,未有若此者"。近来中国对秦始皇的评价甚高,而抨击以孔子思想为理论指导的奴隶主贵族阶级,将秦始皇塑造成了建立中国第一个中央集权统一国家的封建地主阶级之王。但在对秦始皇的传统评价中,我们可以看到的一个共识是——秦始皇是一个暴虐的帝王。秦始皇身后落得如此评价,与他投入天文数字般庞大的人力和财力修建地下宫殿骊山陵一事是密不可分的。

爰暨暴秦,违道废德,灭三代(夏殷周)之制,兴淫邪之法。国赀糜于三泉,人力单于郦墓,玩好穷于粪土,伎巧费于窀穸。

所谓"三泉"指的是地底第三层的水脉，据说骊山陵之深可达三泉。"玩好""伎巧"具体可见《史记·秦始皇本纪》的记载：

始皇初即位，穿治骊山，及并天下，天下徒送诣七十万人。穿三泉，下铜而致椁，宫观百官奇器珍怪徙藏满之。令匠作机弩矢，有所穿近者辄射之。以水银为百川江河大海，机相灌输，上具天文，下具地理。以人鱼膏为烛，度不灭者久之。

遗憾的是此次旅途，原本暗自期待过能去骊山陵实地考察，但最终还是没能成行。如我开篇所言，当时只是站在西安事件的遗址——捉蒋亭，远远地眺望坟丘勾勒出的一道道舒缓的弧线而已。1974年至今，骊山陵以东约1.5公里的地方发掘出了五千八百件武士俑和拉战车的陶马，据推断武士俑的总数或达六千件。我很荣幸有机会能在陕西省博物馆见到其中几件的真容，值得一提的是，陈设武士俑的"陕西省新发现文物汇展"展厅是馆内唯一禁止拍照的展厅。虽然后来前去参观的北京历史博物馆也有陈设数件武士俑，而且听闻在东京举办的古代青铜器展上也作为特别展品参展了，可初见武士俑时的印象实在令人过目难忘。尽管色彩已经几乎完全剥落，呈现出略微泛红的土色，但那些尺寸超过真人比例的武士俑，装束各异，有披肩戴甲的，也有赤手空拳的，不仅发型各不相同，连表情都各有特色，极为写实，实在惊为天人。六千名武士与马一同拖着战车的画面，再现的应该是始皇帝军团一统天下的威容吧。抑或说，从其面朝东方来看，再现的应该是始皇帝征服六国后，为震慑诸国而前后五度东巡的场景呢？（秦鸣：《秦俑坑兵马俑军阵内容及兵器试探》，《文物》1975年第11期）不管是哪种解释，可以肯定的是，这些皆是"穷于粪土"的"玩好"之一。

赵咨认为，秦始皇的骊山陵在"华夏之士"之间吹起了一股厚葬之风，以至于有人甚至不惜牺牲自己的现实生活，为死后的生活倾家荡产。

单家竭财，以相营赴。废事生而营终亡，替所养而为厚葬。

但孔子曰："丧礼，与其哀不足而礼有余也，不若礼不足而哀有余也"，又如"丧，与其易也，宁戚"所言，丧礼应以哀伤之情为重。还有一说是，成功征服了有苗的圣王舜死在他的征战地——苍梧，既没有与娥皇、女英二妃合葬，也因不合时宜没有归葬故土，而是被直接葬在了蛮夷之地。如此看来，合葬和归葬均非古礼。

并非没有人抵抗厚葬之风，认为"达于性理，贵于速变——速朽"的人也有，比如坚持裸葬的杨王孙，还有主张露骸的墨夷等人。杨王孙乃汉武帝时人，临终之际命其子："吾欲臝（裸）葬，以反吾真。必亡易吾意。死则为布囊盛尸入地七尺，既下。从足引脱其囊以身亲土。"而墨夷是曾出现在《孟子》中的墨家门徒，夷之。薄葬是墨家的主要主张之一，孟子面见夷之时说，"上世尝有不葬其亲者，其亲死，则举而委之于壑。他日过之，狐狸食之，蝇蚋姑嘬之"，这是孟子对墨夷"露骸"主张的赤裸裸的讥讽。距离赵咨年代较近的还有一人叫梁鸿。其父寓居北地郡时死在当地，梁鸿年纪尚小，又时值王莽治下的乱世，只好卷席而葬。后来，梁鸿避世隐居度过了漂泊的一生，最终死在吴郡大家皋伯通处。梁鸿临终前嘱咐道："昔延陵季子葬子于嬴博之间，不归乡里，慎勿令我子持丧归去。"于是梁鸿被葬在战国刺客要离的墓旁。谁又能批判杨王孙、墨夷之、梁鸿等人"薄至亲之恩，亡忠孝之道"呢？赵咨说，我要效仿先贤们，又担心你们被世俗风气所毒害，或拘于世间的非议而违背我的意愿，所以才列举了从古圣王到近代的诸多事例，现在你们应该能够理解了吧？

但欲制坎，令容棺椁，棺归即葬，平地无坟，勿卜（埋葬的）时日，葬无设奠，勿留墓侧，无起封树。于戏小子，其勉之哉，吾蔑复有言矣！

赵咨最终允许他们把自己归葬故乡东郡燕，想必是因为恰合时宜吧。

当这封遗书随着朱祇和萧建一路护送的灵柩被送到赵咨的儿子手中时，其子赵胤还是不忍心让父亲的肉体与土混为一体。但在朱祇等人的强烈劝解下，赵咨的尸体最终还是得以按遗书所嘱的方式下葬，时人无不称赞赵咨为"明达"之士。

五、反真

人们之所以认为肉体要归还于土，是基于肉体会腐烂这一无可争辩的事实。虽然这是一个非常简单的事实，但反而更体现出写实主义的露骨。我们乘坐中巴穿梭在南京和扬州之间时，还有乘坐列车从洛阳前往西安时，好几次都看到窗外井井有条的耕地中央隆起了一个个小土堆。土堆下面一定都埋着尸体，而且土堆上往往还残留着被铁锹铲过的痕迹。看到此景，我切身体会到了什么叫"形骸归于地"。

然而，人若非绝顶明达之士，那么死对他而言，必然是可怕的。先人之所以要在"还骨于地"这句写实主义的话前加一句"归精于天"，辅之以浪漫的幻想，也正是因为如此吧。这个幻想仿佛一剂镇静剂，能给可怕的写实主义一抹慰藉。

坚持裸葬的杨王孙也是如此。前文提到杨王孙在遗诫中说："吾欲裸葬，以反吾真。"杨王孙的儿子收到遗书之后苦恼至极，便找父亲的友人祁侯商量。于是祁侯写书简劝说杨王孙打消裸葬的念头。杨王孙在回信中明确表明了他的想法：

> 且夫死者，终（众）生之化，而物之归也。归者得至，化者得变，是物各反其真也。反真冥冥，亡形亡声，乃合道情。

杨王孙说"反真"指的是与道一体化。"亡形亡声"的道，是提出"视而不见，名曰夷；听之不闻，名曰希；搏之不得，名曰微"的《老子》中的"道"，也是《汉书》颜师古注"真者，自然之道也"的道。

> 且吾闻之，精神者天之有也，形骸者地之有也。精神离形，各归其真，故谓之鬼，鬼之为言归也。

他说，用绢帛包裹尸体，用棺椁隔离泥土反而会妨碍精神和形骸反真。在此希望提请大家注意的是，无论精神复于天，还是形骸归于地，都是杨王孙所说的"各归其真"。他与赵咨的区别让人一目了然。

还记得赵咨曾说过"贞魂游散，反素复始，归于无端"吗？"反素复始，归于无端"这一描述，我本以为可以理解成杨王孙的"反真""归真"或者"合道情"，但其实赵咨只是在论"魂"，至于肉体，他则说"既已消仆，还合粪土"。在赵咨看来，"反真"的大概只有魂而已吧。张奂说"地底冥冥，长无晓期。而复缠以纩绵，牢以钉密，为不喜耳"，也是着眼于墓室阻碍了"魂的自由游散"。有关魂气游散的幻想日益流行，意象也越来越丰富。不仅是魂气，连骨肉也和魂气一样变得"无不之也"。这一观点在三国时期魏国沐并六十余岁时"虑身无常"而写下的遗书中也能看到。他没有从魂和肉体的分离这一视角来做分析型的解释，而是描绘出了人死后逍遥地徜徉在恍恍惚惚的道之世界的意象：

夫道之为物，惟恍惟惚。寿为欺魄，夭为凫没。身沦有无，与神消息。含悦阴阳，甘梦太极。奚以棺椁为牢，衣裳为缠？尸系地下，长幽桎梏，岂不哀哉！

此文确实有些晦涩难懂，"道之为物，惟恍惟惚"出自《老子》第二十一章，形容"道"晦暗迷离、朦朦胧胧。"欺魄"指泥土人偶，"凫没"指水鸟没入水中。

沐并的意思是，在道的世界里，长寿和夭折一样，都是没有价值的。"身沦有无，与神消息"描绘的是在无重力状态下肉体和精神共同消长，互相交融的模糊意象。不仅仅是精神，肉体也与精神一同逍遥。此外，《周易·系辞传》中有言："易有太极，是生两仪（阴阳）"，"太极"指的是天地未分以前的混沌世界。《周易》中说"太极"生出"阴阳"二气，但即便在"太极生两仪"这一起步阶段《周易》也并未给出具体的形象描述，从它下文紧接着就说"两仪生四象"就能看出。

沐并所描绘的死后世界，到底是梦境，还是仙境呢？可以明确的是，他笔下的死后世界与人们幻想中神仙凌空飞行的情景极为相似。方便起见，我想直接借用《抱朴子·内篇》卷一《畅玄》的片段来进行描述：

> 乘流光，策飞景，凌六虚，贯涵溶。出乎无上，入乎无下。经乎汗漫之门，游乎窈眇之野。逍遥恍惚之中，徜徉彷佛之表。咽九华于云端，咀六气于丹霞。徘徊茫昧，翱翔希微……

与沐并的遗书相比，《畅玄》的辞藻极为华丽。不过，所描绘的同样是在恍惚之境，是在无重力状态下的光景。并且，其中所体现的"不仅是精神，肉体也如蛇、蝉'蜕'皮一般，留下一副空壳而升上天界"的思想，也是神仙家的论调。

即所谓"先死后蜕，谓之尸解仙"。（《抱朴子·论仙》）

| 第二章 |

寒食散与仙药

一、神明开朗

自三世纪魏晋时代起,中国社会爆发起一股服用散剂的风潮,这种散剂被称为"寒食散"或"五石散"。通过1927年鲁迅先生在广州夏期学术演讲会的演讲记录——《魏晋风度及文章与药及酒之关系》这篇标题略显冗长的文章,想必有不少人已经知晓了这段历史。"寒食散"的成分根据处方不同而有所出入,但基本上以紫石英、白石英、赤石脂、钟乳石、硫磺这五种矿物为主,有时还会混入其他药材。因为使用了五种矿石性药材——石药,因而被称为"五石散"。又因为服用后不能食用热食,只能吃冷食,因此又称"寒食散"。

服用寒食散的风潮始于魏晋,并于六朝时期广泛散播开来。这其中的推行者便是魏朝哲学家何晏,此人因以老庄的义旨来注解《论语》而闻名于世。据《世说新语·言语》

· 第二章　寒食散与仙药 ·

记载，何晏曾言："服五石散非唯治病，亦觉神明开朗。"

注释中引用了秦丞相（有一说认为"秦丞相"是"秦承祖"之误）的《寒食散论》说道："寒食散的处方虽然在汉代就已出现，但服用者寥寥无几，更无人推广之。魏尚书何晏是第一个服用寒食散而获得神效的人，从此寒食散便风靡于世，时人纷纷争先服用。"①

如《寒食散论》所说，寒食散确实自汉代就有，曾被用于治疗部分疾病，这在《史记·扁鹊仓公列传》中有一明证。据西汉文帝时代的医师仓公淳于意所言，齐王有一位名叫遂的侍医。有一次遂得病，服用了自炼的五石散，淳于意为其诊治时，对他说："你得的是内热，根据医书的记载，如果内热导致小便不通，则不能服用五石。"仓公指出了遂的用药错误，遂试图反驳，但百日后，他便乳头长疽而死。此外，东汉张仲景的《金匮要略》也有用"紫石寒食散方"来治疗伤寒的疗法，称将紫石英、白石英、赤石脂、钟乳、栝蒌根、防风、桔梗、文蛤、鬼臼、太乙余粮、干姜、附子、桂枝等十三种药研磨成粉，取一勺（方寸匕）以酒送服即可见效。

如上所述，在汉代时，寒食散只是被用来治疗部分疾病，而到了魏朝何晏以后，人们服用寒食散只是为求"神明开朗"，即精神上的爽朗畅快，与治病无关。

---

① 译注：原文如下：寒食散之方，虽出汉代，而用之者寡，靡有传焉。魏尚书何晏首获神效，由是大行于世，服者相寻也。

西晋皇甫谧云："寒食药的起源众说纷纭，有说是东汉的华佗发明的，也有说是张仲景发明的……近世尚书何晏耽声好色，服用此药后心情爽朗，体力渐强。于是京城人士口耳相传，陈年老病不用一日便药到病除。众人贪图眼前近利，而不顾后患。何晏死后服用者仍旧与日俱增，流行之势丝毫不减。"①

那么为何寒食散会如此爆发式地流行起来呢？皇甫谧一句"心加开朗，体力转强"便道明了原因。但需要注意的是，这不过是幻觉而已。服用寒食散跟吸食鸦片、大麻之类的一样，会引发强烈的幻觉。在那种幻觉中，人可以体会到"开朗"的感觉，暂时性忘却一切烦恼与痛苦。而体力转强则是因为，何晏是"耽声好色"之人，而寒食散恰好有强精壮阳之效。唐代孙思邈曰："有贪饵五石，以求房中之乐。"（《千金要方》卷一）何晏的《失题》诗亦有言"且以今日乐，其后非所知"——姑且享受今日之乐吧，明日之后的事谁又能预料得到呢，说不定说的正是身处幻觉中的感受。

寒食散确实有一定的疗效，至少当时的人们是这么相信的。西晋的嵇含晚年得子，孩子十个月大的时候狂吐

---

① 译注：原文如下：然寒食药者，世莫知焉，或言华佗，或曰仲景……近世尚书何晏耽声好色，始服此药，心加开朗，体力转强。京师翕然传以相授，历岁之困，皆不终朝而愈。众人喜于近利，未睹后患。晏死之后，服者弥繁，于时不辍。

不止，命悬一线。嵇含"决意与寒食散"，不到三十天孩子便痊愈了。嵇含将爱子九死一生的喜悦写进了《寒食散赋》中："伟斯药之入神，建殊功于今世。起孩孺于重困，还精爽于既继。"寒食散虽然药效神奇，但是相应的，毒性也极强。处方或服用方法若稍有差池，将危及性命。究竟能不能给十个月大的婴儿服用寒食散呢？嵇含再三犹豫最后终于"决意"让其服用，他之所以会经历这番思想斗争，也是因为如此吧。故而说，那些经常服用寒食散、沦为了幻觉的奴隶的人，必须做好觉悟——现实并非幻境，总有一天要为此付出惨痛的代价。比如东晋哀帝因服用寒食散连政务也无法处理，形同废人。北魏道武帝成日在活人身上见到妖怪的幻影，惶恐度日，据说许多朝臣因此接二连三地被处死。还有方才提到的皇甫谧，皇甫谧是一名医学知识渊博的学者，著有《寒食散方》，但他其实也深受寒食散所害。

《皇甫谧传》中说，皇甫谧刚开始服用寒食散时，神经衰弱非常严重，还曾用刀猛刺自己企图自杀。谧还上疏晋武帝，拒绝了出仕的邀请，在此引用其惨痛自白如下："我长期与病魔作斗争，最终半身麻痹，右脚缩小，至今已有十九年之久。再加上我服用寒食散却没有节度，更是雪上加霜，受其折磨痛苦不堪已有七年。隆冬里我赤身裸体大口吃冰，盛夏时却战栗不停，且伴有严重的咳嗽，宛如温疟或伤寒……"① 想必皇甫谧是为了治疗半身麻痹症才开始服用寒食散的吧，结果却受其副作用所折磨苦不堪言。"这有如噩梦一般的生活由自己一人来承受就够了"，皇甫谧怀着悲痛的心情执笔写下《寒食散方》，将寒食散的正确服用方法告诉世人，警戒众人错误服用后果将不堪设想，并记录下种种副作用的症状，具体如下：

"有时会突然异常发作，让你年纪轻轻就命丧黄泉；我的族弟长互，他的舌头甚至都缩进了喉咙里；东海王良夫，痈疮深深陷入后背；陇西辛长绪，脊肉溃烂；蜀郡赵公烈，一族当中有六人因此而死。诸如此类皆是服用寒食散所致。余命长则十年，短则不过五六年。我总算是死里逃生，但至今仍是人前笑柄。即便如此，世间服药中毒的患者依旧没有引以为戒。"②（引自巢元方《诸病源候论》卷六）

---

① 译注：原文如下：久婴笃疾，躯半不仁，右脚偏小，十有九载。又服寒食药，违错节度，辛苦荼毒，于今七年。隆冬裸袒食冰，当暑烦闷，加之咳逆，或若温疟，或类伤寒……
② 译注：原文如下：或暴发不常，夭害年命。是以族弟长互，舌缩入喉；东海王良夫，痈疮陷背；陇西辛长绪，脊肉溃烂；蜀郡赵公烈，中表六丧，悉寒食散之所为也。远者数十岁，近者五六岁；余虽视息，犹溺人之笑耳。而世人之患病者，由不能以斯为戒。

二、服用注意事项

服用寒食散有诸多注意事项，最起码下述几点是必须严格遵守的。比如，要尽可能穿得少；还有前文已经介绍过的，只吃冷食等等。寒食散一旦起效就会发作，身体像火烧一般发烫，称为"石发"或"发热"。梁朝的张孝秀原本是一名生活在庐山的居士，一心向佛，据说他好服寒食散，严冬之时也睡在石头上。大概是因为石头的冷气正好能吸收他体内散发的热气吧。还有一则有关宋朝将军房伯玉的传闻，据说他服用了十来剂五石散却不见效，非但如此还引发了恶寒，炎炎夏日也要穿棉袄。医师徐嗣伯为其诊断说是"伏热"——热气积于体内的症状，需要用水让热气从体内发散出来，并且要在冬天进行治疗。等到了十一月大雪之日，徐嗣伯让房伯玉脱去衣裳坐在石头上，让两名助手抓住房伯玉，从他的头上往下浇水，一共浇了二十石水。这时，房伯玉忽然不省人事了。其家人哭着求徐嗣伯停手，但徐置若罔闻，又往房伯玉身上浇了一百石水。不知为何房伯玉开始抽搐起来，仔细一看，他的背上正冒着热气。不一会儿，他便一弹而起，大喊："热死我了，快给我水！"房伯玉一口气喝下一升水。他不但治好了病，之后因为适当地"发热"，只靠一条兜裆布和一件衬衫就能过冬，而且还日渐丰腴，宛如人偶。东汉名医华佗也曾用过这种疗法给一位妇人治疗，不过，那位妇人的病叫做"寒热注病",与服用寒食散无关。

原本,如果搞错了寒食散的处方或服用方法,会导致热气积于体内,引起身体不适,需要像房伯玉那样接受一些粗暴的疗法。但即便是普通服用者,也需要通过不停地散步来发散体内的热气。当时甚至因此出现了一些独特的术语,比如,管发散寒食散的热气叫做"散发";为了"散发"而漫步被称为"行散"或"行药"。在魏晋名士的逸闻轶事集《世说新语》中我们时常可以见到这些词汇。南朝鲍照的《行药至城东桥》一诗还描绘了清晨去行药的情景——鸡鸣关吏起,伐鼓早通晨。严车临迥陌,延眺历城闉。

有时为了"散发"还需饮酒。但不知为何,虽然原则上只能吃"寒食",但酒却必须热过才能喝。西晋末年永嘉之乱时,邓攸被羯族石勒俘虏,后遭诬陷被扣上失火的罪名,当时他以"弟妇散发温酒"以致失火为辞进行辩解。如果不知道散发之酒必须热着喝,恐怕便无法理解这一说辞。此外,《世说新语·任诞》还提到,东晋桓玄被召至京城建康(今南京),赴任途中将船停泊在荻渚。当时王忱前来看望桓玄,其实王忱刚服用过五石散已有些许醉意。桓玄命人备酒,但由于王忱不能喝冷酒,便频频吩咐侍从"温酒来"。桓玄突然簌簌落泪,开始呜咽起来。原来桓玄之父名"温",就是那位鼎鼎有名的将军桓温。从礼节上来说,提及对方父亲的名字是一大忌讳,甚至同音的字词都要避免使用。这一点王忱不可能不清楚,却一再说"温酒来",因此桓玄才不禁流涕呜咽。不知醉醺醺的王忱是有意还是无意,总之是犯了忌讳。可纵使他酩酊大醉也绝不会忘记自己不能喝冷酒,因为此事攸关生死。事实上确实有这样的传闻——据说魏晋的裴秀服用寒食散后不小心喝了冷酒,便因此断送了性命。当时人们习惯喝冷酒,所以服用寒食散的人必须异常小心。

三、服食求神仙

即便寒食散服用起来相当麻烦,并且时而伴有生命危险,但依旧难挡其流行之势。六朝人将服用寒食散视为一件风流韵事,把它当作一种社会地位的象征。《太平广记》卷二四七《启颜录》中还记载了这么一则趣闻。

北魏孝文帝年间,诸王及贵臣多服石药,并且时常声称服用后,石药发作致使身体发热,说起来神色颇为得意。其中也有非富贵者谎称服用石药后发热的,多被世人嗤之以鼻。有一日,一男子倒在市场的门前,翻来覆去直喊热,引来众人围观。同行的人觉得诧异,一问,那人便说:"我石药发作了。"同伴又问:"你何时服用的石药?怎么现在发作了呢?"那人答曰:"我昨日在市场买了米,米里混了石头,吃了之后现在就发热了。"围观者听了哄然大笑，自那以后便很少有人声称自己石药发作了。①

但其实，寒食散的爆发式流行与当时人们喜好神仙的风潮有着密不可分的联系。

六朝人心中对永生抱有强烈的执念，他们想让肉体永葆年轻，想尽可能地延长生命，如果可以的话甚至想得永生。他们热烈向往已得永生的神仙，对他们而言道教不过是一个用来敬奉各路神仙的宗教而已。当时，"神仙中人——神仙世界里的人"诸如此类的表述被当作最高级的称赞。其中比较出名的是何晏——人称"神仙中人"的一位绝美贵公子，肤色极白，魏明帝甚至怀疑他涂了白粉。世人相信何晏的美貌是得益于寒食散的神效。

后来，何晏因卷入政治事件被诛杀，这个意想不到的外因致使他无法延年长生。但人们相信服用寒食散便能如何晏一般成为"神仙中人"，哪怕当不成"神仙中人"，至少还能在幻觉中与神通灵，体验一把成仙的心境。尽管如"服食求神仙，多为药所误"（《古诗十九首》之十三）所言，求仙不得反被噬的悲惨结局并不少见，但寒食散仍能风靡一时，想必与这现象背后隐藏着的世人的心愿是息息相关的。据《神农本草经》中有关白石英、紫

---

① 译注：原文如下：后魏孝文帝时，诸王及贵臣多服石药，皆称石发。乃有热者（明抄本乃有热者作其时乃有），非富贵者，亦云服石发热，时人多嫌其诈作富贵体。有一人于市门前卧，宛转称热，因众人竞看。同伴怪之，报曰：我石发。同伴人曰：君何时服石，今得石发？曰：我昨在市得米，米中有石，食之，乃今发。众人大笑。自后少有人称患石发者。

石英的记载，如长期服用，身体将日渐轻盈，必能延年益寿。

道教中将通过摄取药物或特殊食物来改造肉体的行为称为"服食养生"。毋庸赘言，"服食养生"的终极目的自然是成仙。道教书物中记载了各种能让人成仙的仙药，比如东晋葛洪的《抱朴子·仙药》便按功效的顺序列举了以下仙药，上者丹砂，次则黄金、白银、诸芝、五玉、云母、明珠、雄黄、太乙禹余粮、石中黄子、石桂、石英、石脑、石硫黄、石台、曾青……还引用了《神农四经》曰："上药令人肉体安乐，能延年益寿，升为天神（神仙），上下自由遨行，可驱使众精灵，身上也会长出羽毛，行厨（诸神的便当）立马就会送到眼前。"①又曰："石芝、木芝、草芝、肉芝、菌芝五芝及饵丹砂、玉札、曾青、雄黄、雌黄、云母、太乙禹余粮，无论哪种单独服用也能令人飞行长生。"②又曰："中药养性，下药除病，能使毒虫不近身，猛兽不犯人，恶气不盛行，可驱妖除魔。"③西晋张华在《博物志》中也引用了《神农本草经》，云："上药养命，五石可锤炼肉体，六芝可

---

① 译注：原文如下：上药令人身安命延，升为天神，遨游上下，使役万灵，体生毛羽，行厨立至。
② 译注：原文如下：五芝及饵丹砂、玉札、曾青、雄黄、雌黄、云母、太乙禹余粮，各可单服之，皆令人飞行长生。
③ 译注：原文如下：中药养性，下药除病，能令毒虫不加，猛兽不犯，恶气不行，众妖并辟。

延年益寿。"①但被葛洪称为"上药"或"大药"的所谓最厉害的仙药都是黄金、丹砂制成的,即金丹。那么为何金丹会如此备受重视呢?那是因为它兼具不变与可变两种性质。草木药物埋藏在地里便会腐坏,用锅一煮就烂,经火一烧便会燃烧殆尽,与金丹不可同类而语。换言之,金丹的不变性意味着永恒的生命,可变性意味着人可以被改造为神仙。"所谓丹砂之物,越烧越经久,且变化愈加微妙。而黄金被放入火中炼制百回也不会消减,若被埋在地中则永远不朽。服用这两种药物来锻炼身体,能令人不老不死",②"即便是小丹砂中的次品也胜过草木药中的上品。草木药一烧即尽,丹砂用火烧则变成水银,不断变化之中又变回丹砂……故能令人长生不老"(《抱朴子·金丹》)。③

那么,现在我们的问题核心——寒食散,在《抱朴子》当中又是被如何评价的呢?很遗憾,《抱朴子》并没有对寒食散进行详细的记述,只有一次间接地提到寒食散——"服用玉屑,与水同饮,能使人不死。之所以说它不及黄金,因为它往往会令人发热,类似寒食散的症状"

---

① 译注:原文如下:上药养命,谓五石之练形,六芝之延年也。
② 译注:原文如下:夫金丹之为物,烧之愈久,变化愈妙。黄金入火,百炼不消,埋之,毕天不朽。服此二药,炼人身体,故能令人不老不死。
③ 译注:原文如下:然小丹之下者,犹自远胜草木之上者也。凡草木烧之即烬,而丹砂烧之成水银,积变又还成丹砂……故能令人长生。

(《抱朴子·仙药》)。①从这句话来看，寒食散并没有被视为一种多么重要的仙药。大家注意，这里说寒食散的原材料石英、石硫磺等级不如丹砂、黄金，大概是因为它们虽然具有一定的不变性，但其可变性，也就是可变换成其他形式的能力不足。在《抱朴子》中被称为五石的，不是指五石散的原材料，而是指包含丹砂在内的丹药的材料。《抱朴子·金丹》中的五石指的是丹砂、雄黄、白礜、曾青、慈石，《抱朴子·登涉》中的五石指的则是雄黄、丹砂、雌黄、礜石、曾青。

金丹是仙药中的大药，也只有专门的道教修行者，比如葛洪一类的人物，才懂得如何炼制金丹。金丹的炼制有许多繁琐的禁忌，并且要求仪式一定要隐秘进行。"调合丹药必须在名山的无人之地进行，同伴不得超过三人。炼丹之前须先斋戒百日，用五香沐浴，清净身体，不得接触污秽之物，不得与俗人来往"；②"调和此丹药时须举行祭仪，届时太乙元君、老君、玄女等诸神都将前来。若炼制仙药者没有隐身于幽僻之地，使得俗世间的愚人们得以经过或见之闻之，那么诸神将责备炼药者不遵守仙经戒律，致使恶人散布诽谤之言。如此一来诸神便无法继续保

---

① 译注：原文如下：玉屑服之与水饵之，俱令人不死。所以为不及金者，令人数数发热，似寒食散状也。
② 译注：原文如下：合丹当于名山之中，无人之地，结伴不过三人，先斋百日，沐浴五香，致加精洁，勿近秽污，及与俗人往来。

佑炼药者，并且由于邪气入侵，仙药也无法制成。必须藏身于名山之中，斋戒百日，不食用五辛、生鱼，不与俗人相见，如此方能制成大药"（《抱朴子·金丹》）。①不仅如此，若没有庞大的资金，炼金炼丹的原材料可没有那么容易入手。借杜甫的诗来说，就是"苦乏大药资"（《赠李白》）。葛洪也确实曾如此自白道："本人贫乏财力单薄，又生于多事多难的时代，抑郁不得志。且道路堵塞，无法弄到炼丹所需的药材，故而没能合成丹药。"②（《抱朴子·黄白》）这么看来，那些非专业道士的凡夫俗子、被拒于炼制金丹的大门之外的"神仙爱好者"们会迷上寒食散，也是无可奈何之事。毕竟寒食散的原材料比较容易入手，调剂方法也简单。

被称为书圣的东晋王羲之也是狂热的道教信徒。从其尺牍（书简）当中便可得知他曾服用过多种仙药。有的尺牍甚至有如《本草》之类的中药功效说明书一般，其中写道："服足下五色石膏散，身轻，行动如飞也。"但也有的尺牍流露着哀伤："我昨日频频感到伤感，实在难以承

---

① 译注：原文如下：合此大药皆当祭，祭则太乙元君老君玄女皆来鉴。作药者若不绝迹幽僻之地，令俗间愚人得经过闻见之，则诸神便责作药者之不遵承经戒，致令恶人有谤毁之言，则不复佑助人，而邪气得进，药不成也。必入名山之中，斋戒百日，不食五辛生鱼，不与俗人相见，尔乃可作大药。
② 译注：原文如下：而余贫苦无财力，又遭多难之运，有不已之无赖，兼以道路逼塞，药物不可得，竟不遑合作之。

受,今早服用了散药望借药消愁,不料服药后愈加疲乏。回想起来,足下忠告所言极是。但我已是老人,仅存的希望就是我的孩子们。万万没想到有朝一日我会为她们哭泣不止。我余命不久,且日渐衰弱,这五色石膏散又有何益处呢?只愿散药能够逐渐消散……"①据推断这是王羲之接连失去两个孙女后写下的文章。无需友人忠告,王羲之便知寒食散有害无益。他之所以服用寒食散也是想用短暂的幻觉来掩盖深沉的痛苦吧。

四、多为药所误

传言热衷于"服食养生"的唐武宗因为药物发作"喜怒无常",还有五代南唐的先主"服饵金石,其性多暴怒",这些皆是寒食散中毒的症状。直到后来,那些贪图享乐的天子当中仍有不少寒食散的爱好者。但随着针砭药害的警钟敲得越来越响,这场波及整个社会的风潮也渐渐消退。《隋书·经籍志》中收录了释智斌的"解寒食散方"等其他类似的药方,讲的都是如何解寒食散之毒,可见当时的医学家们对待寒食散上瘾的问题有多么郑重其事。其中,唐初孙思邈的一番话可以说是最有力的警告之

---

① 译注:原文如下:吾昨频哀感,便欲不自胜举。且复服散行之,益顿乏,推理皆如足下所诲。然吾老矣,余愿未尽,惟在子辈耳。一旦哭之,垂尽之年,将无复理,此当何益。冀小却渐消散耳……

一。孙思邈是一名医学家,曾撰写《千金要方》《千金翼方》等医书,同时他也是一位神仙家,被称作孙真人。他说:"我自明理懂事以来,见过无数朝野士大夫受五石散所害。所以宁可吃野葛,也不服用五石散。五石散的猛毒众人有目共睹,必须谨慎对待。有识之士若发现五石散的处方,应立即焚之,不可久留。"[1](《千金要方》卷二十四《解五石毒论》)

---

[1] 译注:原文如下:余自有识性已来,亲见朝野仕人遭者不一,所以宁食野葛,不服五石,明其有大大猛毒,不可不慎也。有识者遇此方即须焚之,勿久留也。

参考文献

本章最先提及的鲁迅的文章出自《而已集》，另外笔者还参考了下列文献：

余嘉锡：《寒食散考》，《余嘉锡论学杂著》上册，中华书局，1963。

王瑶：《文人与药》，《中古文人生活——中古文学史论之二》，棠棣出版社，1951，后被收录在《中古文学史论集》，上海古籍出版社，1982。

吉川忠夫：《王羲之——六朝贵族的世界》，清水书院，1972。

吉川忠夫：《六朝精神史研究》第11章《师受考》，同朋舍，1984。

| 第三章 |

梦的记录——《周氏冥通记》

一、神明开朗

《周氏冥通记》,顾名思义就是周氏周子良与幽冥界的神灵感通[①]的记录。

茅山的隐居先生陶弘景的弟子——周子良第一次遇到神灵降临是在梁朝天监十四年(515)五月二十三日,正值夏至之日的正午前。次年天监十五年十月二十七日,年仅二十岁的周子良便自杀了。确实这一行为从形式上看是世人所说的"自杀"无异,但其实当天,周子良是被允以保晨司之位,应召到仙界去了。换言之,自杀对周子良来说,是一种仪式,通过这个仪式他得以为此世的"生"画上句号,从而获得在仙界的永生。而天监十四年夏五月到天监十五年冬十月之间一年半的时间,正是周子良被召至

---

① 译注:"感通"即通灵。

仙界前的准备期。

周子良仙逝后，生前百余张，约两大捆文本都被燃烧殆尽。其师陶弘景听说后，认为应该还遗留有其他文本，便抱着一丝期待去寻找。后来，在茅山的燕口山洞发现了一个被丢弃的箱子。他将箱子带回去打开一看，里面确实是周子良和神灵们感通的记录。陶弘景基于记录的内容，按日期的先后顺序将其整理为以下四卷：

卷一　天监十四年五月二十三日第一次通灵至该月二十八日通灵的记录，共四条。

卷二　六月一日至该月二十九日的记录，共十三条。

卷三　七月二日至该月二十五日的记录，共七条。

卷四　简单的通灵笔记，名为目录。卷一、二、三收录的天监十五年五月、六月、七月的详细记录都能在卷四找到对应的类似小标题的笔记，即目录，而之后八月一日到次年天监十五年七月二十三日仅存笔记，而没有详细记录。

也就是说，天监十四年五月二十三日至七月末的三个月留有完整的记录和笔记，八月至次年七月的十二个月则仅存简单的笔记，八月至十月二十七日弃世为止，周子良一定还曾与神灵感通，但却没有留下任何记录。陶弘景在卷一开篇附上了周子良的传记《周传》，其他不易理解的地方，和陶弘景的其他著作以及他编纂的书物一样，陶都加以朱注——朱书之注进行解释。现今的文本中,陶弘景的朱注为双行夹注。

陶整理完四卷《周氏冥通记》之后,于天监十五年十二月十六日将《周氏冥通记》上呈给梁武帝并附上如下"启事":

> 臣弘景启:去十月将末,忽有周氏事,既在斋禁,无由即得启闻。今谨撰事迹,凡四卷,如别上呈。但某覆障疑网,不早信悟,追自咎悼,分贻刻责。渊文口具陈述,伏愿宥以暗惰。谨启。十二月十六日。

可以看出,陶弘景在深刻地反省自己没有尽早知悉弟子周子良离世之事。"既在斋禁,无由即得启闻"说的是周子良仙逝时,陶弘景在茅山郁岗组织斋会,无法及时禀告。"渊文"是指朝廷派遣的使者潘渊文,陶弘景的弟子。潘渊文回到茅山时,带回了梁武帝的神笔《敕答》,曰:

> 省疏并见周氏遗迹真言,显然符验前诂二三,明白益为奇特。四卷今留之,见渊文并具一一,唯增赞叹。十二月二十日。

《敕答》后面还附上了潘渊文的说明。

·第三章 梦的记录——《周氏冥通记》·

梁武帝是中国史上最有名的崇佛皇帝。唐代道宣编撰的佛教护法文集——《广弘明集》在第四卷中收录了梁武帝于天监三年公布的《舍事李老道法诏》——废弃道教信仰之诏。在该诏文中，梁武帝称道教为"邪法"，在十方诸佛、十方尊法、十方圣僧即三宝面前发誓今后将一生事佛。尽管如此，陶弘景——茅山道教教主，这位根据"图谶"的预言将梁朝定名为"梁"的人，他与梁武帝的关系并没有因此而冷淡。岂止如此，梁武帝一遇到事关国家吉凶之事或临出征讨伐敌军之前都会找陶商议。陶时常会在茅山为国祈愿，组织斋会等。仅从《周氏冥通记》中便能看到，天监十四年夏天陶曾在茅山举行过求雨的仪式，同年秋天八月九日还曾为皇家举办过涂炭斋。为"通济一切急难"（《大唐六典》卷四《祠部郎中》）的涂炭斋原本是一种非常激烈而疯狂的仪式，[①]不过那时的涂炭斋已经变得比较温和。就这样不断有使者往返于朝廷和茅山之间，时人甚至称陶弘景为"山中宰相"。唐代张彦远在《法书要录》中收录了梁武帝和陶弘景互通的几封书简。虽然内容与国家大事无关，只谈论书法，但足以证明两人关系之亲密。[②]朝廷给予了陶弘景教团何等悉心的保护，

[①] 马伯乐：《道教》，川胜义雄译，平凡社东洋文库，1978，第173－185页。
[②] 关于陶弘景的书法与道教的关系可参考拙作《鬼才与顽仙——书法与道教相关（一）》，《书法艺术》1985年1月号。

更是不必多言，甚至连郁岗的斋室也是在梁武帝的援助下建成的（陶弘景：《许长史旧馆坛碑》）。

我们需要注意到，陶弘景的道教本身就受到佛教的深厚影响。此话怎讲？陶弘景是因为梦见佛祖授予陶菩提悬记，赐陶以胜力菩萨之名，才特意到鄮县（浙江省宁波市鄞州区）的阿育王塔，获传五大戒的。陶还在临终遗令中写道："道人道士并在门中，道人左，道士右。百日内夜常然灯，旦常香火"，要求由道人，即佛僧，以及专门的道教修行者，即道士，两方面人士共同来做法会。并且，类似于"世上万物都是由宿世因缘决定的"等起源于佛教的思想在《周氏冥通记》中随处可见，这一点相信在下文也会得到佐证。

陶弘景教团如获至宝般信受奉持《周氏冥通记》，陶有言："此记中有真仙讳字以及诸多教戒，应该像对待经典、诰文一样，将此记放在一尘不染的桌上，戴上干净的头巾，沐浴烧香之后才能阅读。如要抄写，须事先以书面形式向众真与玄人禀告，不可像对待寻常世俗书物一般待之。"[①]（《周传》朱注）"众真"指的是诸神，"玄人"指的应当是周子良。因为《周传》开篇便说："玄人周子良，字元龢，茅山陶隐居之弟子也。"清代的《四

---

① 译注：原文如下：此记中多有真仙讳字，并诸教戒，便同依经诰之例，皆须净案净巾，沐浴烧香乃看之。若欲传写，亦应先关告众真及玄人，不得皆悠悠外书记也。

· 第三章 梦的记录——《周氏冥通记》·

库提要》在《周氏冥通记》的解题中有言"其说荒诞不经",对之不屑一顾,实在令人无奈。但研究《周氏冥通记》的学者幸田露伴氏曾说,"《周氏冥通记》的有趣之处在于它展现了一幅宗教星云时代的画卷,星云时代指的是趋近成立但尚未成立的时代,或者说混沌时代,即已然成立但尚缺乏形式、仪礼及理论武装的时代,这勾起了吾辈浓厚的兴趣","有暗示宗教成立的意味"。(《神仙道中一先人》,《露伴全集》第十五卷,岩波书店,1952)笔者以为幸田露伴所言极是。

无论何种宗教,与神灵感通、得到神灵的启示都具有极其重要的意义。在日本众所周知,亲鸾大师是在六角堂梦见圣德太子后方才皈依佛门的。梁朝僧祐编撰的经文集《出三藏记集》也记录了在佛教中发生的类似的通灵事件,时间也跟《周氏冥通记》差不多。卷五《僧法尼所诵出经入疑录》中从"宝顶经一卷"到"序七世经一卷"共记录了二十一种、三十五卷此类事件。

经如前件。齐末太学博士江泌处女尼子所出。初尼子年在龆龀,有时闭目静坐,诵出此经。或说上天,或称神授。发言通利,有如宿习。令人写出,俄而还止。经历旬朔续复如前。京都道俗咸传其异。今上(梁武帝)敕见,面问所以。其依事奉答,不异常人。

"龆龀"指幼儿换牙的年纪，说的是有一小孩在南齐永元元年（499），九岁时就能诵出《宝顶经》。僧祐也曾说过东汉建安末年，济阴丁氏的妻子身上也发生过同样的事。

二、《周传》——周子良传

陶弘景初遇周子良是在梁朝天监七年（508），那时陶弘景五十三岁、①周子良十二岁，两人相遇在永嘉郡永宁县（浙江省永嘉县）青嶂山上的天师治堂。天师治堂也就是道教的教堂。

当年，陶弘景到茅山东南方向的沿海山岳地带出游。宋朝贾嵩在《华阳陶隐居内传》中指出，陶出游是为了寻找适合炼丹的场所。陶改名王整，朝廷称其为"外兵参军"，只给陶配备了仅仅两名随从，陶便连夜下山。从茅山到青嶂山，陶究竟经过了哪里？且看贾嵩是如何说明的：

---

① 参考麦谷邦夫《陶弘景年路考略（上）（下）》，《东方宗教》47、48号。麦谷氏从诸多资料中推断出陶弘景应生于宋代孝建三年（456）四月三十日，笔者亦赞同。因为笔者曾在陶弘景的另一部著作《登真隐诀》卷下的朱注中发现了麦谷氏没有提及的一点。陶弘景在提到如何计算"本命日"时说："如果有人出生在宋代孝建三年（即丙申之年）四月三十日（即甲寅之日），那么下一个丙申之年六月十三日便是他的第一本命日……"陶弘景很有可能是以自己的生日为例来进行说明。另外，麦谷氏在天监十四年一项中记录了"周子良卒"，应改为次年天监十五年。

第三章 梦的记录——《周氏冥通记》

初欲入剡，或度天台。至浙江（钱塘江），值潮波甚恶，乃上东阳（浙江省金华市），仍停长山。闻南路有海掠不可行，稍进赤岩，宿瞿溪石室，梦人告云：欲求还丹，三永之间。乃自思惟，知是永嘉、永宁、永康之际……因是出访村人，咸云过此室上百余里，至永康兰中山，最为高绝。诘朝乃往经纪，山良可居，唯田少，无议聚糠……后入楠溪青嶂山，爱其稻田，乃居。

但陶弘景在《周氏冥通记》开篇的《周传》——周子良传中并不是这么说的。周传中只字未提此行是为了炼丹，陶只是淡淡地讲道，偶然之下他来到青嶂山，在那里遇到了周子良，称这是肉眼不可见的神所指引的结果。

隐居（我）之所以前往东方，原本是打算去余姚（今浙江省余姚市）的。本欲乘海船到晋安（今福建省福州市）的霍山，但日暮之际正要横渡浙江时，潮水涌来挡住去路，船便朝定山（今浙江省杭州市）的方向驶去，凭人力根本无法制止，于是乎就这样在东阳着陆了。我正想留宿永康（今浙江省永康市），却偶然碰见一位永嘉男子在谈论永嘉山水之美，我便跟随他翻过山头来到永嘉郡，投宿永宁县令陆襄家。陆襄特地送我到天师治堂休养，而子良刚好寄居治堂，于是我们得以在那相识。如今回过头来细想个中缘由，一定是有神灵的召唤，我才会来到这青嶂山。若非如此，又该如何解释这前因后果呢？①

提到这位寄身治堂的少年，就不得不讲一讲另一则故事——梁朝钟嵘的《诗品》中记载的宋代山水诗人谢灵运的故事。钱塘的杜明师，即道士杜子恭有一天夜里梦见了有人自东南方向来到他的道馆。当天傍晚，谢灵运便出生于会稽。旬日后，谢灵运的祖父——鼎鼎有名的谢玄仙逝，谢家便把这个视若珍宝的孙子送到杜治——杜子恭的治堂。谢灵运十五岁之前，一直在此处生活，被叫做"客儿——里子"。基督教中也有将孩子寄养在修道院的例子（畠中尚志译《阿伯拉与哀绿绮思的情书》第七书简，岩波文库），那么周子良又是什么情况呢？

周子良的少年时代似乎并不太幸福美满，保守一点地说，年少的他是孤独的。《周传》中说，周子良是豫州汝南郡汝南县（今河南省汝南县）人，后寓居于京城建康（今南京市）。周原本出身于名门望族，后来家族没落，沦为王国、州、郡的属僚。南齐建武四年（497）正月二日人定时，一个万物俱寂的深夜里，周子良出生

---

① 译注：原文如下：隐居入东，本往余姚，乘海舫取晋安霍山。平晚下浙江，而潮来掣船，直向定山，非人力所能制。因仍上东阳，欲停永康，忽值永嘉人，谈述彼山水甚美，复相随度崎至郡，投永宁令陆襄。陆仍自送憩天师治堂，而子良始已寄治内住，于此相识。今讨核缘由，如神灵所召，故其得来此山，不尔，莫测其然。

于余姚明星里。其父周耀宗,其母永嘉徐氏,名为净光。徐氏在怀孕五月时做了一个噩梦,梦见仙室的圣像忽然站起,从四面八方将自己团团围住。至于周子良为何生在余姚,是因为当时其父因担任郡五官掾一职而住在当地。

后来不知为何,周子良出生后仅过了一年,就被送到姨母,即母亲的姐姐徐宝光家中抚养。姨母家就在余姚的精舍——道观里。梁天监二年(503),周父逝世,享年仅三十四岁。之后,周子良在户籍上便成了伯父周耀旭的养子,但实际上还是由姨母照顾。

姨母徐宝光也是一位命运坎坷的女子。她本不姓徐,为钱塘的张氏所生,三岁丧父,其母改嫁永嘉徐氏,因而改姓徐。陶弘景称其继父徐氏是"旧道"的祭酒。"祭酒"指道教的司祭一职,"旧道"指的是旧道教。之所以称为"旧道教",是因为陶弘景推崇道教革新,故将以往的道教称为"旧道"以区别于新道教。在继父的感化之下,徐宝光十岁入道,住进了余姚的精舍,将妹妹的孩子周子良接到身边,开始过上了平静的生活。然而,三十五岁时,她的人生又掀起一阵波澜。宝光受"公制所逼",嫁给了上虞(今浙江省上虞市)朱氏,育一男。"公制所逼"究竟是指什么朝廷指令已无从知晓。无可奈何而身陷

"世法"①的她在强烈的自责之下，身体不堪重负。之后很长一段时间她一直受结气病折磨，左侧腹还长了一块杯子大小的肿块。最终，她与朱氏离婚回到永嘉，当时周子良已有十岁。就这样，她和周子良便开始寄身于天师治堂，即日后周陶相遇之地。

周子良遇到陶弘景后，马上请求陶弘景收他为徒。自幼在姨母徐宝光的照顾下长大的周子良，一定深受道教的影响。然而，徐宝光所信仰的道教被陶弘景称之为"旧道"。并且，周氏的祖先是俗神"帛家道"的信徒，子良的祖母杜氏是一名大师巫，相当于女巫团的团长。要教育周子良，必须先从去除"旧道""帛家道"的思想熏染开始。帛家道我并不熟悉，据说陈国符氏曾试图与仙人帛和联系。②陶弘景在《真诰》（下文将提及）的《运题象第四》一篇中记述了神灵茅中君对许映的教诲，曰"又汝本属事帛家之道，血食生民，遭愆宿责，列在三官（狱官）"，可见帛家道忌杀生食血。又如《抱朴子·道意》所言"又诸妖道百余种，皆煞生血食"，人们将杀生血食视为妖道的一种。那么为何帛家道忌讳食血呢？《真诰·协昌期第二》记述了女仙程伟之妻的口诀。"服食，勿食血物，食血物，使不得去三尸，乾肉可耳。""三

---

① 译注：佛教把世间一切生灭无常的事物都叫作"世法"。
② 参考陈国符《道藏源流考》卷下，附录二《道藏劄记》《帛和与帛家道》，中华书局，1963。

尸"指的是寄宿在人体内的恶神，每到庚申之日便会上天禀告人的罪行。周子良也被神灵命令断肉食，下令的是天监十四年六月十三日夜里出现的鬼帅范疆五。

范疆五说："你的六代先祖周眉在任谯郡太守一职时，痴迷狩猎，杀伤了无数生命。所幸后来多行功德才得以免罪。你切不可再食肉，一旦食肉，先祖的罪行便会轮回到你的身上，小心为妙啊。"[1]鬼帅之言陶弘景似乎不大赞同，从他的朱注便可看出——"杀生罪名虽大，但本人的罪行早已被赦免，如今却还担忧其罪会殃及子孙，实在难以理解。如立善功，不仅自己能享福，其德泽也会惠及子孙后代吧"。[2]

周子良成为陶弘景的内弟子后，陶最先授予周的是《仙灵箓》《老子五千文》《西岳公禁虎豹符》此三样。《仙灵箓》内容不详，但《隋书·经籍志》中有言："其受道法，初受《五千文箓》，次受《三洞箓》，次受《洞玄箓》，次受《上清箓》。箓皆素书，纪诸天曹官属佐吏之名有多少。"由此可见，《仙灵箓》应该是将仙界各个职位的神仙的名字记录在素（丝绸）上的名簿。而《老子五千文》不必多言自然是《道德经》。《道德经》被视为

---

[1] 译注：原文如下：但卿六世祖眉为谯郡时，尤好射猎，杀伤无数，赖其中时复营功德，罪已得释。卿不宜复食肉，食肉，恐先源建卿，幸可慎之。
[2] 译注：原文如下：夹注：杀戮之咎，诚为莫大，但身尚以蒙释，方虑殃延苗裔，小为难解；亦当如立善功，身既荷福，庆流子孙邪。

最为基本的道教经典，早在东汉末年，天师道教团的一位祭酒便开始要求信徒们诵读《道德经》。据说在敦煌发现的《老子想尔注》正是天师道教团所用的《道德经》的注释本。①

《周氏冥通记》中也记载了天监十四年九月二十五日，神灵张理禁出现在周子良的梦里命其诵读《道德（经）》，陶弘景也在此处加以朱注曰："道德经二篇，是真正至高无上（宗极）的道教经书。太极真人也说，若能诵读万遍，即可白日升天。"②太极真人此言被记录在了《真诰·协昌期第一》中，曰："太极真人云，读《道德经五千文》万遍，则云驾来迎，万遍毕未去者，一月二读之耳。须云驾至而去。"《西岳公禁虎豹符》则是能将栖于山中的猛兽封印起来的护符，可参考《抱朴子·登涉》。该篇讲的是道士入山的心得体会，其中提到一种能避虎狼之害的道术，称"或立西岳公禁山符，皆有验也"。

据《周传》记载，之后周子良曾跟随陶弘景前往南霍，即南方的霍山，以及木溜等地，具体可参考《华阳陶隐居内传》。据该内传记载，陶弘景因"爱其稻田"而决定暂时定居于青嶂山，但青嶂山也并非安稳无事之地。不久，当地爆发饥荒，盗贼劫掠不断，陶因曾听闻《五岳

---

① 参考饶宗颐《老子想尔注校笺》，香港东南学校，1956。
② 译注：原文如下：夹注：道德二篇，实道书之宗极，太极真人亦云："诵之万过，白日升天。"

图》中说"霍山是司命府，必神仙所都"而决定前往霍山。《五岳图》即后来的《五岳真形图》。贾嵩在《华阳陶隐居内传》中引用了《名山记》，加注称"霍山在罗江县"。"罗江县"应为"庐江县"之误，但此处的霍山指的应该不是今日安徽省庐江的霍山，即天柱山。因为陶等是经"海道"到达霍山的。《抱朴子·金丹》说虽然合丹当于名山之中，但因战乱中原名山不宜前往，而江南名山之一的霍山是为数不多的能去的地方，并称"霍山在晋安"。此处的霍山指的应当是晋安的霍山，因为在南方，所以《周传》中称之为"南霍"。

然而，晋安的霍山"人稀田寡，复以无糠为患"，因此陶弘景一行人在此经海路回到永嘉，最终来到木溜。时值壬辰之年，即天监十一年（512）八月。木溜是永嘉附近的一座海岛。但陶弘景等人只在木溜停留了不到两个月，因为同年十月，梁武帝便下令召回了陶弘景。于是陶回到茅山，四年的永嘉生活也因此画上了句号。

周子良跟随师傅陶弘景来到茅山，陶又授之以《五岳真形图》及《三皇内文》。《五岳真形图》是以中国最具代表性的山岳——五岳为中心而画的山川俯瞰图。它本身并非实用性的地图，而是和《禁虎豹符》一样，在道士们芒鞋竹杖遍历山川时能起到护符的作用。《三皇内文》中的"三皇"指的是天皇、地皇、人皇，"三皇内文"指的正是上天分别授予三皇的经文。

关于此二书，具体可参考小南一郎氏更为细致的考察。[1]

天监十二年（513）秋天，因周子良的族人来到茅山与其同住，他的生活变得稍微热闹起来了。来者包括其养母即姨母徐宝光，还有生母徐净光、弟弟周子平、舅舅徐普明。徐普明是一名道士。还有一人是陶弘景在朱注中所说的"两姨弟，本姓朱"的善生。"两姨"指的应该是养母和生母，如此说来"两姨弟"应该姓徐，为何"本姓朱"呢？前文提到姨母徐宝光曾嫁给上虞朱氏，并诞下一子。说不定善生正是徐宝光的亲生儿子，只是因为某种原因不得不将其解释成弟弟，具体就不在此一一细究了。善生在七岁时曾身患重病，在当时首屈一指的医学家兼药学家——陶弘景的精心治疗下得以死里逃生，因此成了"道子"。清代黄生给《周氏冥通记》中难解的词汇做过注释，他说："道子，谓在道家为子弟。"道子就相当于佛教教团当中的童行，道教中的小僧。

由于众多家属亲戚来到茅山，周子良便搬到了茅山西边山间新设的廨，离开了陶弘景。"廨"指的是小道观，或许应该称之为道庵。周子良等人所住的廨由堂屋和西厢构成，二者之间由三间步廊连接起来，当然廨里还有用

---

[1] 小南一郎：《中国的神话传说与古小说》第四章《〈汉武帝内传〉的形成》，岩波书店，1984。该章节亦翻译了一部分《周氏冥通记》，并附上了极具启发性的考察。

来祈祷的靖室和祭祀用的祭坛。堂屋共四间，东侧两间为斋室，西侧两间为姨母的住处，周子良则住在西厢两间房里。四十七岁的姨母仿佛成了廨中生活的中心。可惜天监十四年四月二十三日那天不慎起火，整个堂屋都被烧得一干二净。

除了前文列举的人物以外，周子良身边还有其他数名人物。天监十四年五月二十三日周第一次与神灵感通的记录中记载了赤豆、郎善、令春、刘白等姓名。提到赤豆时，周子良回答神灵道："（赤豆）家在钱塘，姓俞，暂时寄宿在此处。"[1] 陶弘景在此处加注云："小男儿名赤豆，年五岁，是俞僧夏之子，多灾多难，暂时寄养在道士处。"[2] 提到郎善时，周子良答曰："家在永嘉，寄身在陶先生处。"[3] 朱注中言："郎善姓徐，乐成县（浙江省乐清市）人，十六七岁，先前跟随隐居回到茅山，现已离去"，[4] 还称"令春是姨母的丫鬟，刘白是白氏（具体是何人不明）之侄"，[5] 还有一群名为"道义"的人。黄生解释道："道义，谓同事道法之义友。""道义"应该

---

[1] 译注：原文如下：家在钱塘，姓俞，权寄此住。
[2] 译注：原文如下：夹注：小男儿名赤豆，年五岁，是俞僧夏儿，云多灾厄，暂寄道士间。
[3] 译注：原文如下：家在永嘉，依荫陶先生。
[4] 译注：原文如下：夹注：郎善姓徐，乐成县人，年十六七许，先依随隐居还山，今已去。
[5] 译注：原文如下：夹注：令春是姨母间婢子，刘白是白从子。

是地方的信徒组织，类似于佛教的义邑、邑义。也就是说，他们可能组团跟周子良的姨母她们一起从永嘉来到了茅山。当时形形色色的人都纷纷从各地来到茅山归投陶弘景，仿佛神灵在说"陶（弘景）胸有大志，人们不请自来"。

三、华阳洞天

神灵第一次降临在周子良面前时是在他和姨母们一起搬去的廨里。《周传》中有如下描述：

（天监）十四年乙未岁五月二十三夏至日，还不到正午，周子良便就寝了，只见他在梦魇中呻吟不止，良久之后才起身。姨母不解，在她的深深追问之下，周子良这才稍微透露了自己到底看到了什么，详见另一份记录。①

夏至日的正午是一年之中人的影子最短之时，短得甚至会让人产生错觉，以为影子会彻底消失不见，仿佛在这个时间点注定会发生什么不可思议的事一样。人们之所以

---

① 译注：原文如下：以十四年乙未岁五月二十三夏至日，于廨忽未中寝卧，弥沦良久乃起出。姨母不解所以，深加辩切，乃颇说所见，具如别记。

认为得道者"日中行无影"想必也与此有关(《真诰·协昌期第一》)。回到正题,文中所说的"另一份记录",即周子良自己做的记录中记录了他当时所见的情景:

夏至日正午前……我在住所入口南边的床上就寝。途中醒来,让善生把帘子放下……便又睡了过去。迷迷糊糊之际,忽然看见一男子。身长七尺,口鼻小,眉尖,留着几根青色和白色的胡须,看起来四十岁前后。身着朱衣,红色头巾上戴着一顶蝉冠,蝉冠上垂下长长的帽缨。腰间系着紫色皮带,宽约七寸,上面挂着一个形如龙头的皮袋。脚上穿着一双鞋尖分成两头的紫色鞋子,走起路来会发出簌簌声。另外还有十二人跟随着该男子。

该男子一进门就板着脸说:"你住得太靠后了",说完便坐了下来,把手臂倚在书桌上。桌上放有笔与镇纸,那人擅自拿起笔与镇纸,将它们放入笔筒,并把笔筒移至书桌的北侧。(朱注:周子良住的是西厢,与堂屋仅隔着三间步廊。"住得太靠后了"指的应该是西厢与堂屋距离太近。但当时堂屋已被烧毁,"住得太靠后了"究竟为何意无从得知。子良的住所朝东,入口在北侧,西边的墙边摆着一张五尺的床,也就是他午睡的地方。因为床头在西边,所以躺着便能看见外头。另外还有一张五尺的床靠着北边的墙,是弟弟子平的床。窗台下摆着一张五尺四方的桌子当作书桌来用,书桌朝东。原本砚台在桌子的北边,笔筒在南边。那名男子把笔筒放到靠近砚台的位置，而后将手臂倚靠在书桌上）那男子问他的随从"为何不带扶手来"，随从答曰："阁下这趟出门不远，所以没有带上扶手。"接着他便对我（子良）说："我乃茅山府的府丞，嘉许你一生无罪，特意前来相见。"①

陶弘景的记录还有下文，在此暂且按下不表。在这条记录的末尾处，陶加注曰："上一条记录了夏至之日神灵降临一事，全写在四张粗糙的白纸上。"②另有朱注如下：

该府丞在其他记录中又被称为赵姓男子，乃保命府四位府丞当中居火位者，名威伯，河东人，掌管仙籍——仙人的户籍记录以及风、雨、水，兼领五芝和金玉草。其事

---

① 译注：原文如下：夏至日未中少许……在所住户南床眠。始觉，仍令善生下帘……又眠，未熟，忽见一人，长可七尺，面小口鼻，猛眉，多少有须，青白色，年可四十许，着朱衣，赤帻上载蝉，垂缨极长，紫革带广七寸许，带鞶囊，鞶囊作龙头。足着两头舄，舄紫色，行时有声索索然。从者十二人……此人始入户，便跛面云："居太近户。"仍就座，以臂隐书桄。于时笔及约尺悉在桄上，便自捉内格中，移格置北头。（夹注：所住屋是西厢，有两间，去堂屋止三间步廊子。云："大近后"，恐是逼堂，而堂于时已被烧尽，未解近后之旨。住屋东向，北边安户，五尺眠床约西壁，即所昼寝者。头首西，故得见外。又一五尺安北壁，即卧子平住也。一方五尺安窗下，施书桄，东向。砚本在桄北头，笔格在南头，故移就砚而隐桄也）问左右："那不将几来？"答曰："官近行，不将来。"乃谓子良曰："我是此山府丞，嘉卿无愆，故来相造。"
② 译注：原文如下：右一条是夏至日书所受记，书四粗白纸。

迹详见《真诰》。①

丞，相当于辅官。且让我们顺着朱注的指引，来看看《真诰》是如何介绍这位赵姓男子的。《真诰·稽神枢第三》中有如下描述："赵威伯，东郡人，年轻时师从邯郸的张先生。张先生是得道者，晚年曾在中岳嵩山被范丘林授予《玉佩金珰经》。范丘林是汉代楼船将军卫行道的妻子。（赵威伯）学道成仙后，范丘林便授予他行抱日月之道。赵还服用了九灵明镜华，来到华阳任保命丞。《河图》有云：'吴楚之地有很多见到太平的人。'他常对人说：'此言不虚，而且不久之后便能得到验证。'他存思②明镜的方法也非同寻常。范丘林授予他如下口诀：'要学会长啸，像百鸟争鸣一般，像狂风掠过林木一般，像击鼓一般发出呼啸之声。'赵威伯时而站在天市坛上，昂然向北长啸以求风。少顷，云便聚于其上，或有疾风撼动山林，或黑雾汇成暴风，或冷雨笼罩山头。保命府有四位府丞，他便是其中之一，掌管暴雨与水，兼管五芝和金

---

① 译注：原文如下：夹注：此承依别自是赵，于保命四承居火者，名威伯，河东人，主记仙籍并风雨水，领五芝金玉草事。出真诰。
② 译注："存思"，又叫"存想"，是道教修炼方法之一。方法是闭合双眼或微闭双眼，寸想内观某一物体或神真的形貌、活动状态等，以期达到集中思想，去除杂念，进入虚极而动、神气始来的境界。

玉草。如想求大雨，把祝辞交给他即可。"①随后还介绍了其他三位府丞，紧接着又说道："赵威伯主管仙籍和学道者的记录，同时还掌管暴雨、水、灵芝草。"②

话说回来，赵威伯所在的保命府究竟是一个怎么样的官府呢？要回答这个问题，必须先讲一讲陶弘景的《真诰》。"真诰"意为"真人之诰"，真人即道教诸神，"真诰"也是此书的书名。书中的诰文多集中于东晋哀帝兴宁二年（364）及之后的数年。正是这些诰文形成了陶弘景所奉行的《上清经》的核心部分，至于《上清经》的起源，《真诰》卷十九《翼真检·真经始末》中有言：

伏寻《上清真经》出世之源，始于晋哀帝兴宁二年太岁甲子，紫虚元君上真司命南岳魏夫人下降，授弟子琅琊王司徒公府舍人杨某，使作隶字写出，以传护军长史句容许某并弟三息上掾某某。二许又更起写，修行得道。

---

① 译注：原文如下：赵威伯者，东郡人也，少学邯郸张先生。先生得道之人耳，晚在中岳，授《玉佩金铛经》于范丘林。丘林乃是汉楼船将军卫行道妇也，学道得仙，遂授行挹日月之道，又服九灵明镜华，遂得，昔亦来在华阳内为保命丞。《河图》云：吴楚多有得见太平者。其常语人云：此语不虚，此验不久。如此诸学者，何可不弥加勤励也。其存明镜，非世间常法也，受范丘林口诀云：善啸，啸如百鸟杂鸣，或如风激众林，或如伐鼓之音。时在天市坛上，奋然北向，长啸呼风，须臾云翔其上，冲气动林，或冥雾飙合，或零雨其蒙矣。保命有四丞，此一人主为暴雨水，及领五芝金玉草，若欲致洪雨者，将可辞诣之也。又理禁伯亦主雨水，若请雨，宜并为辞也。

② 译注：原文如下：赵威伯主仙籍，并记学道者，并暴雨水灵芝草。

文中的"南岳魏夫人"即女仙魏华存。"杨某"乃杨羲,"许某"及"弟三息某某"指的是许穆(或许谧)及许翙父子。许穆是王羲之的友人许迈之弟。《真经始末》说的是,杨羲的通灵能力超乎常人,当南岳魏夫人等众真人降临在他面前时,他便将众真人口授之诰一一记录了下来。众真降临之地并不固定,有时是在琅琊王——司徒公司马昱的府上(杨羲在此处担任舍人),有时是在杨羲位于句容(今江苏省句容市)的家中,又或者是杨羲时常前去登门拜访的许穆父子家——一间位于茅山的宅舍。后来,杨羲便将自己记录的众真之诰授予许穆父子。许穆父子又重新抄写真诰,并勤加修行。这些资料大致可分为"经传"以及记录了众真之言的"真唉"。

许翙和许穆分别卒于太和五年(370)和太元元年(376),二人逝世后众真之诰便逐渐散佚。有的被烧毁,有的被随意加文增饰。当时有一人十分热衷于搜集这些四处散佚的诰言,那人正是陶弘景。对宗教的一腔热情驱使着他去搜寻在这一个半世纪里散落江南各地的真诰碎片,有时甚至是以"五纸三纸,一纸一片"为单位在收集。陶弘景如此尽心竭力,除了因为那一腔宗教热情,当然还因为他被杨羲与许氏父子的字迹所深深吸引。或许当他面对那些字迹时,他能从中捕捉到众神的气息吧。陶在周子良留下的记录中也曾体会到同样的感动,比如在六月十五日夜的记录中,陶便赞叹道:"精妙绝伦,好似杨君

（杨羲）的书体。"①

陶弘景把搜集到的"真唉"编辑成二十卷《真诰》，赋以协昌期、稽神枢、阐幽微、握真辅、翼真检等篇名。至于为何篇名都由三个字组成，据说是纬书书名的取法。其中《握真辅》篇并非"真唉"，而是杨羲、许穆、许翙抄写的世俗书物、他们所做的梦的记录以及尺牍。可见陶弘景有多么珍视三人的笔墨。另外，《翼真检》篇则是陶本人的纂述，包括《真诰叙录》——介绍《真诰》的体例、《真经始末》——讲述众真之诰的起源和之后收集诰文的经过、以及《真胄世谱》——以许氏一族的家谱为主。而且《真诰》和《周氏冥通记》一样，随处可见陶弘景的注记。

保命府府丞赵威伯登场的《真诰·稽神枢》，其性质相当于茅山道教的地志。据《真诰·稽神枢》所言，茅山由三座山峰组成，由于山形如"巳"一般蜿蜒曲折，故而原本被称为"句曲山"。②之所以后来改称"茅山"，是因为汉代的仙人茅盈、茅固、茅衷三兄弟曾驾着白鹤来到此三山。茅盈、茅固、茅衷又称大茅君、中茅君、小茅君，他们所停的山便分别被叫做大茅山、中茅山、小茅山，三山合称茅山。话说，这句曲山底下别有一方洞天。"洞天"，即"上天遣群仙统治之所"（司马承祯：

---

① 译注：原文如下：其好全似杨君体。
② 译注：巳即蛇，原文如下：山形似巳。故以句曲为名焉。

《天地官府图》,《云笈七签》卷二七),也就是地上或者地底的仙界,句曲山的洞天为三十六洞天中的第八洞天,名曰"金坛华阳洞天",距离地面有十三四里。周长一百五十里,东西跨度四十五里,南北跨度三十五里,中间较高,有一百七十丈,四周较低,一百丈左右。照亮这一方空间的是阴辉与日精,它们分别支配着这里的夜与日。从其功能——掌管日夜还有亮度、形状来看,都与月亮和太阳无异。洞天的南边有两个门,东、西、北边各有一个门,进门后脚下便是蜿蜒起伏的石阶,眼前的景色几乎与外界别无二致,草木水泽、飞鸟交错、风卷云涌……前文提到赵威伯在天市坛长啸以求风云,那天市坛就位于洞天的中央。据说是玄帝召集四海之神,将安息国天市山的石头搬来此处建成的。从外头可以望见洞天内鳞次栉比的宫殿,那便是仙人居住的宫殿或官府。洞天也因此被称为"洞宫""神宫""阴宫""灵府""仙台洞府"。左慈曾在华阳洞天内周游,见到方圆规整的宫殿,不禁惊叹道:"天下竟有如此稀奇之物。"[1]有四条大道分别从华阳洞天向东通往林屋山、向北通往泰山、向西通往那峨眉山、向南通往罗浮山,其间交错着无数条小径杂路。如此看来,仙界并非只应天上有。似乎在古人的想象中,以地

---

[1] 译注:原文如下:元放周旋洞宫之内经年,宫室结构,方圆整肃,甚愧具也。叹曰:"不图天下复有如此之异,神灵往来,推校生死,如地上之官府矣!"(《茅山志》卷六)

表为轴，天上和地下各有一个仙界，互相对称。①

仙界也和俗界一样有严苛的官僚组织。据说左慈在华阳洞天内目睹了"神灵往来，推校生死，如地上之官府矣"，如此中所言，仙界的官僚掌管的正是人的生死之事。

华阳洞天内的仙人官府有一府叫定录府，中茅君茅固就是定录府的长官。定录府中的重要官职有理中监、北河司命等等。其中，理中监相当于俗界的长史或司马一职，北河司命则担任水官的职务，同时兼任九宫禁保侯管理种民。"水官"是负责调查人的罪行的三官之一，分别有相应的狱官，称为"大理"。"种民"指的是被上天选中的人，当灭顶之灾席卷世界，比如天崩地裂时可以免受灾难。此外，定录府还设有典柄执法郎一职，负责考核有道者。华阳洞天还有一府叫保命府，就是本章节反复提及的保命府，小茅君茅衷在此担任长官。保命府中有七位明晨侍郎，相当于俗界的御史中丞，即御史台的长官，专门负责弹劾官僚营私舞弊。七位明晨侍郎当中有四名女性，三名男性。他们原本归属于东方的海上仙岛东华方诸官，保命君茅衷只是负责监督他们。此外，保命府还有负责掌管雨水的理禁伯一职，由张玄宾担任，还设有四位府丞，如前文所述，赵威伯便是其中一位。大司命太元真人茅盈，

---

① 有关洞天的内容，参考了三浦国雄《洞天福地小论》，《东方宗教》第61号；三浦国雄：《洞庭湖与洞庭山——中国人的洞窟观念》，《月刊百科》第250号，1983。

即大茅君在赤城山（又名霍山）上开设了太元司命府，定录府和保命府都归太元司命府统辖。司命府被称为东官，华阳洞天则被称为"司命之别官"。用现在的话来说，华阳洞天就是太元司命府的派出机构。

洞天的居民并非全是仙人，华阳洞天也是如此。除了仙人之外，住在洞天里的还有地下主者和鬼帅。虽然地下主者和鬼帅都与仙人一样，都在这里积攒阴德，但他们尚未能进阶到仙人的级别。地下主者为文解，鬼帅为武解。所谓"文解""武解"指的是被派遣到洞天担任文官、武官者。这些地下主者和鬼帅各自被分为三个等级。第一等地下主者每一百四十年就有一场考试，合格即可登上仙阶，得仙人使令，成为第二等地下主者。但是，《稽神枢》篇中记载的这一规定只适用于拥有至忠至孝的最高等品德的人。此言何解呢？《真诰·阐幽微第二》有言："至忠至孝之人死时，将被授予委任令成为地下主者。一百四十年后将得到下仙的教诲，获传大道，然后逐渐晋级，补任仙官之职。每一百四十年便有一次接受晋级考试的机会。"[1]除此之外，还有许多有关地下主者的规定。比如，"至贞至廉之人"死后将成为狱官，即三官的清鬼。二百八十年后可成为地下主者，再过二百八十年就能

---

[1] 译注：原文如下：夫至忠至孝之人，既终，皆受书为地下主者，一百四十乃得受下仙之教，授以大道，从此渐进，得补仙官，一百四十年听一试进也。

补任仙官之职。根据《稽神枢》篇的规定，成为第二等地下主者后再过一百四十年就可以通过考试补任管禁之位，相当于世间的散吏，即流外之官。第三等地下主者为最高级别的地下主者，可自由出入仙人的宫殿，住在易迁与童初二府。易迁，即易迁馆，是华阳洞天内的一个宫殿，里面住着八十三名女性，太上老君派协辰夫人黄景华来此负责指导她们。另一座专供女性居住的宫殿叫做含真台，那里住着约两百名得道者，也就是已经登上仙阶的人，由张微子与傅礼和两位女仙负责督导。与易迁和含真台相对应的是童初与萧闲堂两座宫殿，专供男性学道者居住。方诸官的东海青童君每年会来这里视察两次。用俗界的话来说，易迁和童初就相当于培养官僚的太学。

鬼帅也与地下主者一样分为三个等级，《真诰·甄命授第三》有言："真司科"规定"地下主者解下道之文官，地下鬼帅解下道之武官。文解一百四十年一进，武解二百八十年一进"，除此之外便没有更为具体的说明。总之，负责管制鬼魂的鬼官，也就是被比拟成俗界武官的鬼官，毋庸置疑是最下层的官员。慎重起见我想在此补充一句，鬼官是指管制鬼魂的官员，本身并非鬼魂，鬼官的最高责任人是北帝君。北帝君以六天宫中的第一天宫作为行政机关，统领六天宫。六天宫还有各自的负责人，第二天宫是西明公，第三天宫是东明公，第四天宫是北斗郡，第五天宫是南命宫，第六天宫是北明公。六天宫还在人间设

· 第三章 梦的记录——《周氏冥通记》·

有派出机关，就在北方癸地的罗邓山，山高两千六百里，山下有洞天，山上有六宫被称为外宫，洞中又有六宫被称为内宫，人称"六天鬼神之宫"。

五月二十三日晚三更之时，继保命府府丞赵威伯之后第二位来到周子良面前的是范疆五，即隶属于定录府的鬼帅。范如是说："我姓范，是定录府鬼神之司。定录、保命二府在同一地域，在冥界有各自的职责，由不同的'天真'守护。两位'天真'都姓茅，是兄弟。哥哥守护定录府，弟弟守护保命府，想必你也已经知悉。刚才大丞（赵威伯）在界域游行，记录人的罪福，恰好经过你这里。"①

赵威伯为何要记录"人的罪福"呢？原来，人一旦死去，首先需要接受三官的询查，被登记到名曰"死录"或"鬼簿"的死者名簿上，然后再被进一步分类为成仙者、成地下主者或鬼帅者、成鬼官者以及重返人间者。为了提供材料以辅助分类，平时就要记录"人的罪福"。这项作业叫做"司命"，也就是左慈所说的"推校生死"。此处的"生"指的是成为仙人得到永生，"死"指的是重生为人，或变为鬼魂继续生活在这个被死亡所支配的世界里，不知何时才能逃脱。总之，仙官关系到人的福与罪、生

---

① 译注：原文如下：仆姓范，为定录府鬼神之司。定录、保命二府同在一域，而名界有分，各天真守之。二君并姓茅，是兄弟。兄弟（守）定录，弟守保命。卿亦应已知之。向有大丞，游行界域，记人罪福，过造卿。

与死，比只管罪与死的鬼官更高一筹。《真诰·稽神枢第三》讲述了如下一事，正是因为如此：

"三官（鬼官）如今之刑名之职，主诸考谪（询查罪行），常以上属真仙司命兼以总御之也，并统仙府，共司死生之任，大断制皆由仙官。"陶弘景在这段话后面作了注记，说明了鬼官为何隶属于仙官——"以为天下人不尽皆死，其中应得真仙，则非北帝（君）所诠。"

接受三官的询查之后，被划分为成仙者的人会被记到"仙录"或"仙简"上，但只要"死录"或"死簿"上没有去除他们的姓名，即便他们登上仙界，也无法避免再次沦入人界或鬼界。也就是说幽界和显界由仙、人、鬼三个部分组成，而且仙、人、鬼三者的流动性极强，陶弘景在《真诰·阐幽微第二》中的注记中非常清楚地说明了这一点：①

此幽显中都是有三部。皆相关类也。上则仙。中则人。下则鬼。人善者得为仙。仙之谪者更为人。人恶者更为鬼。鬼福者复为人。鬼法人。人法仙。循还往来。触类相同。

话说，成仙的方法多种多样，比如陶弘景列举的"即

---

① 参考福永光司《天皇与紫宫与真人——中国古代的神道》，《思想》637号，1977年7月。

身地仙不死者","有托形尸解去(仙界)者"。

《抱朴子·论仙》是这么解释"地仙"与"尸解"的。"按《仙经》云,上士举形升虚,谓之天仙;中士游于名山,谓之地仙;下士先死后蜕,谓之尸解仙。"陶渊明还列举了"有既终得入洞宫受学者""有先诣朱火宫炼形者"。朱火宫又称南宫,即炼狱。接着还提到"有先为地下主者乃进品者""有先经鬼官乃迁化者""有身不得去,功及子孙,令学道乃拔度者"等等。陶曰:"诸如此例,高下数十品,不可以一浊筌。"不仅如此,仙界中总共有十八等阶位,上级仙人即真人的阶位分为上真、中真、下真,上真、中真、下真又各自分为三等合计九等。真人之后是仙人,也分为上仙、中仙、下仙,上仙、中仙、下仙又各自分为上中下三等合计九等。(《周氏冥通记》卷三七月九日夜)

我用了这么长的篇幅介绍《真诰》并不是为了凑篇幅,而是因为保命府府丞赵威伯、定录府鬼帅范疆五等出现在周子良面前的神灵,往往都在《真诰》中出场过,包括茅定录君、茅保命君以及易迁的女仙们。当然,也有一些神灵没有在《真诰》中出现过,陶弘景会非常细致地在《周氏冥通记》的朱注中一一注明《真诰》是否提及过他们。可见《周氏冥通记》与《真诰》的关系非常紧密,且具有重合性。五月二十三日晚,鬼帅范疆五临走前还发生了如下对话:

范帅敏锐地发现了周子良寝室墙上所书的"桃竹汤方",范帅说:"你若觉得身体不适,可以用此处方沐浴。话说,此方非常珍贵,你是从何处寻来的?"周子良答道:"我是在抄写真诰时发现的。"范师回道:"此乃南真(南岳魏夫人)授予杨氏与许氏的处方。你能寻得,真是妙哉!"①

"桃竹汤方"是《真诰·协昌期第一》介绍的《太上九变十化易新经》中用来去除污秽的沐浴法。曰:"取竹叶十两,已削掉白色部分的桃皮四两,加入清水一石二斗,在釜中煮,沸腾后倒出。根据寒暑放置到适当的温度后用以沐浴,能去除千万种污秽。"②

四、感通神灵

出现在周子良面前的神灵,与杨羲所见的一样,都是华阳洞天或与华阳洞天有关的神灵。尽管陶弘景在朱注中如此记述道:"周从未读过上(清)经,他性格耿直,也

---

① 译注:原文如下:仍手指壁上所疏桃竹汤方云:"脱觉体不快,便依此方浴。此方要,卿那得?"子良答:"写真诰中得。"帅曰:"此是南真告杨、许者,卿得之甚好。"
② 译注:原文如下:其法用竹叶十两。桃皮削取白四两。以清水一斛二斗。于釜中煮之令一沸,出,适寒温以浴形,即万淹消除也。既以除淹。

· 第三章 梦的记录——《周氏冥通记》·

从未开口提过想借阅上（清）经。没能让他饱览真经以及杨氏、许氏的真迹，实属遗憾。"[1]（《周氏冥通记》卷一）此朱注看似与周子良从《真诰》中抄写"桃竹汤方"的说法有些矛盾。这一点暂且不论，我们先来看看在周子良眼里神灵究竟是什么样子的。

《周氏冥通记》分为以"梦"字开头的记录和以"见"字开头的记录两种，天监十四年五月二十三日到次年天监十五年七月末共一百零九条记录当中，以"梦"开头的有四十六条，以"见"开头的有六十三条。陶弘景也注意到了这一点，他说："翻看记录，以'梦'开头的记录的是子良入眠时所见的情景，诸如'某日见某事'的描述则是子良在现实中所见之物。虽说是在清醒的时候见到的，但究竟子良是在坐着还是卧着的状态下见到的就无从得知了……此外，记录中往往有被涂黑的文字，想必是子良在记录神灵的教诲时过于匆忙，待事后根据记忆又重新改写了记录。从前杨君（杨羲）的字迹中也多有这样的情况。"[2]（《周氏冥通记》卷一）从感通的能力来看，"见"神似乎比"梦"神略胜一筹。华侨（下文将提及）也曾说过："始亦止是梦，积年乃夜半形见。"（《真

---

[1] 译注：原文如下：夹注：周从来都未窥上经，性谨直，亦不议求请，追恨不得以诸具经及杨、许真令一见之已。
[2] 译注：原文如下：按寻记，凡标前云梦者，是眠中所见；其有直云某日见某事者，皆是正耳觉时，其见但未知为坐为卧耳……又诸记中往往有黵易字，当是受旨时匆匆，后更思忆改之，昔杨君迹中多如此。

诰·翼真检第二》,《真胄世谱》)是否可以说以"见"字开头的描述是现实中的幻觉呢?如果可以将其划分为梦的一种的话,那么《周氏冥通记》也可以说是"梦的记录"吧。只是对于周子良而言,那些梦境的真实性并不逊于清醒时的现实世界。

陶弘景也时常在梦中获得一些启示。如前文所言,《华阳陶隐居内传》便记载了陶住在翟溪的石室时,曾在梦中得到了"欲求还丹,三永之间"的启示。陶还曾在梦中获佛授菩提悬记,并且陶还撰写了一本与明惠上人的著作同名的书,叫作《梦记》。南齐建武年间,宜都王萧铿被明帝杀害的夜晚,萧铿出现在陶弘景的梦中与之告别,陶问了萧铿许多关于幽冥界的事,《梦记》所记录的就是这段经历。(《梁书·陶弘景传》)在《周氏冥通记》天监十四年七月二日夜的记录后随附的文字中,陶还追述了同年四月他梦见自己被召至仙界的事。陶在梦中被告知"你即将任命的机关已经做好了准备迎接你上任,但官印还没有制成",醒来后心神不宁,赶紧找周子良倾诉。

但陶弘景的感通能力似乎远不及周子良。因而,有时陶会感叹道:"(我住的)东岭虽然清净但却没有神女们来造访,(周子良住的)西厢杂乱不堪却时有神灵降临。我不解此中缘由,真是丢人呐。"[①](《周氏冥通记》卷二《六

---

① 译注:原文如下:夹注:于时在冰口屋。寻岭内清净,神女不集,西廨混杂,反欲相从,未达此趣,以为于邑。

月十一日夜条朱注》)后来,陶弘景便称周子良为"接神之体"——可与神来往之身,并将招神的任务全权委托给他,但周子良却缄口不言。"为师曾有一次到他那里,让他给神奉上祝辞,问神是否可以将道馆搬至朱阳馆以及有何注意事项。之后我多次问他'是否得到了回答',周每次都只答'尚未回复',并没有详细地回答我。如今回想起来,当时他必定是得到了回复。想必是因为,如果问神之后立马便得到了回复,那么拜托他问神的人肯定会络绎不绝。那时倘若不帮他们问,便会遭人责骂,如果一一询问,又违反了神的旨意。因此大家才都秘而不宣。"[1]《周氏冥通记》卷一)陶弘景是在天监十四年十月十九日搬到梁武帝下令营建的朱阳馆的。周子良在十月十一日的记录中写道:"见紫阳、定录、保命、桐柏来,闻及移馆朱阳之事等等。"[2] 陶之所以说神灵应该有回复想必是因为事后他看到了这条记录吧。周子良如此三缄其口,正是因为他曾被神灵再三告诫"不可轻易示人"。

比如,天监十四年七月九日晚出现的紫阳周真人便引用了杨羲与二许的例子。

---

[1] 译注:原文如下:又师经一过因辞访移朱阳,及有所当事后,屡问:蒙答以不?每云:未报。遂不显言。今料视,定已有答。寻此当是恐问便有酬者,则人人因托不少。若不为问,则被人责;若悉为问,便忤冥旨,是以皆匿隐之。

[2] 译注:原文如下:十一日,见紫阳、定录、保命、桐柏来,及移朱阳事。(夹注:云云)

"从前,有杨氏和许氏二人。杨氏时常与神灵往来,而许氏却迟迟无法见到神灵的真容,你可知这是为何?因为许氏心中虽然谨记着要勤勉谦让,但实际上内心的欲望尚未去除,所以无法见到神灵。杨氏虽然等级并不比许氏高,但精神集中内心沉静,万恶无法玷污他的节操,他的心灵也不会被华美绮丽之物扰乱。因此神灵才将诰文授予杨氏,并命其传达给许氏。你现在能见到我们,说明你和杨氏一样。切记不可将这一切轻易示人。"[1]

周紫阳接着说:"我曾与裴清灵一同到华侨那里,将真言传授给他,并让他传达给许氏。华侨是一个彻头彻尾的俗人,性格散漫,没有为我们保密。一旦传授某法给他,他逢人便添油加醋地吹嘘一番,不辨对方是贤是愚。这样的事多了,我们便改将真言传授给杨氏。那华侨后来竟沉入河底,身没异境,自解脱之后至今才过了十四年。如今他仍与幽鬼为伍,日日夜夜尝尽辛酸苦楚。诸如此类,不得不再三警惕。切记千万勿将此事告知他人。"[2]

---

[1] 译注:原文如下:昔有杨、许者,杨恒有神真往来,而许永不得见。所以尔者,许心徒勤谦,犹欲想未除,故不得见。杨位亦不大于许,其神凝志安,万邪不能干其正,华绮不能乱其心,故受语于杨,今以示许也。尔今得见吾等,亦如杨之用行耳。凡此事莫轻示人。
[2] 译注:原文如下:吾昔与裴清灵去来华侨处,授其言语,令以示许;侨宿本俗民,性气虚疏,不能隐秘,告其一法,回而加增,逢人不问愚贤,辄敢便说之;如此既多,便回受于扬耳。侨乃流沉河水,身没异方,得脱以来,始十四年耳。今犹在鬼伍,昼夜辛勤,诸如此事,可不慎乎。尔勿示人此事也。

据周紫阳所说，华侨也是灵媒，辈分高于杨羲。《真诰叙录》中有言："又按众真未降杨之前，已令华侨通传音意于长史，华既漏妄被黜，故复使杨令授。"前文所谓华侨"沉入河底"应该是指华侨获死罪被贬为水官。因为《真诰·甄命授第三》中茅小君的诰文有言："华侨漏泄于天文，妄说虚无，乃今父子被考于水官。"

神灵授予周子良的诰文基本上是针对周子良个人的，是唯有神灵们与周子良才知晓的密约。这与神灵降临在杨羲面前不可同日而语，毕竟后者只是为了让杨羲将诰文传达给许穆和许翙。因此周子良才守口如瓶的吧。神灵们曾与周子良交换如下密约。这些都是在周子良仙逝之后，因为他留下的记录才大白于世的。

天监十四年五月二十三日夏至，第一位出现在周子良面的神灵——保命府丞赵威伯对周如是说："你前世有福，习得正确的道法，今生又得人神之心，按录籍来看，你余命仍有四十六年。人活于世上，诚然会对俗世有百般依恋，但倘若你死后成神，便会在幽冥界流连忘返。老实说，幽冥界更好。如今保命府有一职位空缺，希望你来接任。此事不久就会正式定下来，你也不必多言。明年十月仙界定会召你前去，不妨现在就开始做相应的准备。我此次前来正是为了通知此事。若你不从，三官将下达令状，切不可以为然。"周子良听到此处，面露惧色。赵威伯接着说道："我看你仍想留在此世间，可种下这般罪行又有何益处呢？你补任洞中之职时，可与天界的真人会面，可信步于神圣的天庭之中。试问天下何处更胜于此呢？"周听罢答曰："全依您所言。"①

话虽这么说，周子良并没有掩饰住内心的动摇。待周起床后，明眼人一看便知他的异常。在姨母她们的追问之下，周只好实言相告，坦白了昨夜所见的大致情况。姨母听罢，一脸惊诧，让周写奏章陈诉，请求仙界撤销诏令。但日司之神察觉到周子良的动摇后，马上报告给保命府丞赵威伯，当天夜里，定录府鬼帅范疆五便替赵威伯来到周子良眼前。范帅告诉周，周将补任的职位是保命府的保籍丞，想确认周到底作何想法。保籍丞是新设的官职，负责帮助管理簿录。周子良回答道："方才我内心确实甚为动摇，现已无异议"，但周还是问了，可否将召他至仙界一事延迟数年。范帅打断他的话，让他现在就开始去物色好登仙后安葬肉体的土地，又告诉他该如何制作棺柩，以及登仙时应该贴什么经符在身上等等，下达完种种指示后范帅便离去了。

那之后到次年天监十五年十月二十七日为止的一年半

---

① 译注：原文如下：卿前身有福，得值正法，今生又不失人神之心。按录籍，卿大命乃犹余四十六年。夫生为人，实依依于世上；死为神，则恋恋于幽冥。实而论之，幽冥为胜。今府中阙一任，欲以卿补之。事目将定，莫复多言。来年十月当相召，可逆营办具，故来相告。若不从此命者，则三官符至，可不慎之。子良便有惧色。此人曰："卿趣欲住世种罪，何为？得补吾洞中之职？面对天真，游行圣府，自计天下无胜此处。"子良乃曰："唯仰由耳。"

的时间，可以说是周子良被召至仙界之前的准备期，也可以称之为教育期。现在此将期间各种神灵授予周的诰文的摘要列举如下：

中岳仙人洪先生授予周"伺二星法"，此法出自《方诸洞房经》，"二星"指的是北斗九星中被隐藏起来的、肉眼不可见的二星（五月二十七日夜）。还有紫阳童凤灵芝曾对周子良说，周乃紫阳君的后嗣之一。紫阳君是掌管葛衍山紫阳宫的紫阳真人周义山，在《真诰》中也曾出现过，据说《紫阳真人内传》是华侨撰写的（六月一日夜）。华阳童景上期曾教导周，如果有人对你破口大骂，你就权当是耳边风，"沐浴"其中即可（六月四日夜）。紫阳童凤灵芝告诉周，紫阳君将周子良的名改为太玄，字改为虚灵，但只可在幽冥界使用，必须保密，在俗世还是用旧名子良，旧字元龢。子良这个名字是其生父取的，而字元龢则是天监十二年（513）十七岁举行元服式时陶弘景给他取的（六月八日夜）。定录府鬼帅范疆五命其断肉食（六月十三日夜）。中岳洪先生授其《洞房经》（六月十五日夜）。易迁官五位女仙中的易迁右嫔刘玄微告诉周，周前世曾生于周逵家，还曾生于刘伟家，勤于学道，所修的福气流转到了今世。周曾三次被提名仙录，但因其犯了非法之行而被中途除名，此次被重新提名至今已有十七年，这般生死循环往复之下，终于得以成仙（六月十九日昼）。保命府丞的属下黄元平告诉周子良，死录上已经剔除了他的名字（六月二十四日昼）。华阳童景上期降临时宣读了茅定录君之旨意，授予其《太霄隐书》的"玄真内诀"（六月二十七日）。还有一次降临了七位神灵，其中一位是紫阳周真人，周真人亲口告诉周子良，周乃周真人之弟的后裔（七月二日夜）。易迁右嫔刘玄微还曾告诉周子良，经确认他的名字已经被登记在东华方诸宫的青简——仙简上（七月三日夜）。茅定录君也告知了周子良此事，并且补充道，所登记的职位是保晨司。至于为何一开始承诺的下仙职位保籍丞会变成中仙职位保晨司呢，想必日后还会有神灵进行说明。此外，与茅定录君一同前来的紫阳王真人还告诉周子良，在进入仙界时会有一些考验，千万不要退缩。所谓考验，是指用虎、狼一类的声音或者异形之物来吓唬他（七月九日夜）。

话说周子良是如何从保籍丞变成保晨司的呢？茅定录君和紫阳王真人降临后的第三天，桐柏仙人徐玄真解开了这一谜题。据桐柏仙人所说，先是赵威伯向茅保命君上书：

> 周子良，字元龢，右一人，改名太玄，字虚灵。以其生周逵家，已上紫录，次生刘伟家，复书玉编，既经历辛勤，今谨依上科，报以下仙为保籍丞，羽仪衣服如故法。

茅保命君与兄长茅定录君多次商讨之后，向东华宫上呈了如下赞文：

第三章 梦的记录——《周氏冥通记》

周玄秀德，心志虚清，谨按紫格，可刻仙名。

于是七月七日，众仙官聚集到东华宫一同商讨名簿事宜，认为周子良合乎中仙之位，并启奏上仙命周子良为保晨司。①

周太玄，字虚灵，右一人，昔标怀道之志，今建荡然之德，上合乾纲，下应地纪，依如仙格，合中品之上，伏见保晨司年限欲满，请选太玄以补之。谨上。

东华青童君收到此赞文后下令"按牒文安排"，并将周太玄之名刻在紫玉的简上——"惟周太玄因业树兹刻名仙简为保晨司"，字呈赤金色。

据《周氏冥通记》中说，保晨司的职务是掌管"天下神仙功夫之事，教学之方"，可见仙界也和俗界一样有行政文书工作，需要处理各种繁琐的手续。

接着来看看神灵们还授予了周子良什么诰文。茅保命君授予周《三天龙文》，并教导周"暂且混入人群之中，勿轻举妄动做出引人注目的行为"（七月十五日）。《周传》中还记录了周子良收到此诰诫前后的变化。

---

① 译注：原文如下：周玄秀德，心志虚清，谨按紫格，可刻仙名。东华乃更命以七月七日会仙官，检名簿，因得尔品目，位合中仙，更奏上仙为保晨司韩侯。

（自神灵降临）四五十日之后，周很明显不同于往日。总是垂下帘子掩着门，不让其他人进房，烧着香一个人闷在房间里。只有正午时进食一升（约等于0.18公斤）蜜餐（？）。周子良一家原本供奉的是（帛家道）俗神，姨母徐宝光和舅舅徐普明以及道义们担心周子良是被俗神所骗，或是被邪气所侵，因而再三逼问。

但周子良也只是说："也许说到底只是一个冗长的梦吧，我也不明所以。我时常担心（神灵们）会不会突然之间就不再出现了。"于是众人们也不明所以，只好放任不管静观其变。后来到了七月，周收到神灵的旨意，命其"表面上行为举止要和俗人一样，不可让人起疑"。自那之后，周子良便不辞辛苦地四处奔走劳作，比从前还要勤恳。同年十月，周跟随我（从西边山间的廨）搬到了朱阳馆，不久后为师便住在东山，没有与他同住。他则一直住在西馆，负责对外接洽的工作，不论是对待道士还是俗人，都非常和蔼亲切。①

---

① 译注：原文如下：自尔于四五旬中，大觉为异。恒垂帘掩扉，断人入室，烧香独住，日中止进一升蜜餐。周家本事俗神，姨舅及道义咸恐是俗神所假，或谓欲染邪气，亟相蹙问。唯答云："许终是娄罗梦，无所知究，自怀愁虑，为复断隔耳。"于是众人莫测可否，相与纵置，听看趣向。其七月中，乃密受真旨，令外混世迹，勿使异疑。从此趋走执事，乃过于常日。其年十月，从移朱阳。师后别居东山，便专住西馆，掌理外任，应接道俗，莫不爱敬。

之所以天监十四年八月之后，周子良与神灵感通的记录就只剩下一些简单的笔记，也是因为如此吧。《周传》中还说：

之后周子良便被卷入世俗之中，埋头在繁琐的事务里，也没有功夫避开耳目去记录与神灵感通的细节，只能记录一些要点。

从这些简记中可以发现，八月一日，范蓝（范幼冲）告诉周子良："今日，真人们聚在一起商讨，说对你的教育已经结束了，今后就由你独自修行，到处见学。"于是周子良便开始在仙界游行，包括华阳洞天。这即是陶弘景所说的在"神去而身实不动也"的状态下游行。

到了十月，虽然周子良与陶弘景一同搬去了梁武帝下令营建的朱阳馆，但由于茅定录君告诫周子良："朱阳馆不是你该住的地方"，周便向陶申请在朱阳馆附近另建一栋小房子。毕竟朱阳馆是公馆，住在那里容易引人注目。陶弘景给了周一万钱，并替周找到了适合的土地，但工程比预计的还要费时，到了次年天监十五年十月十九日"三间粗屋"才建成。这"三间粗屋"也是"廨"，周住在东厢，西二厢是"仙屋"，用来处理公务。

那段时期甚至连周子良与神灵感通的简记也没有了，只有《周传》对这段时期有所记录。据《周传》所言，亲戚、道义们来祝贺乔迁之喜时,周子良不知为何躲在暗处,侧着脸不与众人对视。最后终于到了十月二十七日,周子良告别这个世界的日子。

前一日,周子良将封好的书简放置在东馆、西馆的入口及各廨、阁内,并将各处清扫得干干净净,又将文书、道具等交给何文幸。到了夜里,周将薄棉衣和枕头搬到廨外,含糊其辞地说道"我去做会儿斋""我暂且出会儿门"云云。

二十七日早晨,周独自一人待在他住的廨中。他回到朱阳馆时,言语和神情都泰然自若,与平日无异。周重新用香汤沐浴,身着净衣,与何文幸一同下棋读书,并且屡次观察日色。当太阳开始倾向西边时,周便起身说:"时候到了",然后系紧腰带、烧好香,到师傅的经堂去与众道士一一行礼寒暄,礼毕后便匆匆忙忙离开经堂,回到廨中。大家只是闲言道:"他一定是赶着就斋。"

日落时,弟弟周子平来看他,子良正好在仙屋烧香。他走出仙屋回到住处门口,问子平来做甚。子平答曰:"姨母病发,叫我来喊兄长回去调剂汤药。"子良说:"正好我也有些不舒服,正打算服药。等我完事之后就回去。如果一时半会儿没回去,你再来喊我吧。"当时子平发现锅里正热着半升酒。

子平跑回去转达给姨母,姨母大吃一惊,让子平马上返回子良的住所。等子平到时,只见子良仰卧在床,子平不敢随意进屋。不一会儿，子良的生母和姨母都赶来了，见状，尖叫道："这是何意？这是何意？"良举起手来，但依旧闭着眼，他挥了三下手，说"别大叫，别大叫，会误事"。子良的母亲想捧起他的头，他便起身蹴开头巾，然后又缓缓地举起手再次整理好头巾，不到片刻便气绝身亡。

当时，香炉中还烧着一片豆粒大小的熏陆香，灰蒙蒙的烟气袅袅升起。据此可以推测这一切都是在半时辰内发生的。周子良仙逝时，时年二十岁，事先已整理好了装束。内衣上穿着一件睡衣，睡衣上叠穿法服，再系紧腰带，脱掉下袴。其容貌干净清爽，和生前无异。亲眼见到此景的人还有听闻此事的人无不惊叹连连。[1]

《周氏冥通记》中还写道，周子良死时随身带着《五

---

[1] 译注：原文如下：至二十六日，密封题东西馆诸户阁廨处，磨洗，以文簿器物料付何文幸。尔夕，自移衾枕出所住廨，云："当暂斋。"或云："暂行。"二十七旦，独在住家廨，及还馆中，声色平然，了无一异。更香汤沐浴，着诸净衣，与文幸棋博读书，而屡瞻晷景。至日映后，便起云："时至矣。"即束带烧香，往师经堂中，遍礼道众，径出还所住廨。（夹注：住廨，住屋。唯有三间，住东一间，西二间亦安两高坐，并有香火也）众人正言："应就斋去。"日晡间，其弟名子平往看，正见于仙屋烧香，出还住户，问子平："何以来？"答云："姨娘气发，唤兄还，合药煮汤。"语云："我体亦小恶，即时欲服药，竟当还。若未即还，汝可更来。"仍见铛中温半升酒。子平便还，说此，姨母惊怪，亟令走往，已，正见偃卧。子平不敢便进，俄顷，所生母及姨母续至，见便悲叫，问："何意，何意？"唯闭眼举手三弹指，云："莫声叫，莫声叫，误人事。"其母欲捧头起，而蹴巾转，犹举手再过正巾。须臾气绝。时用香炉烧一片薰陆如狸豆大，烟犹未息。计此正当半食顷耳。时年二十。先已装束，内衣上止着眠衣，加以法服，并坚结其带，脱裙襦卷辟之。容质鲜净，不异于生，一切闻见，莫不叹骇。

岳真形图》和《三皇内文》等道经和符文，书桌上放着四函封好的书简。分别是给师傅陶弘景、姨母等人、舅舅徐普明、难关东山的道士们的告别辞，落款都是"二十七日"。据《周传》记载："现在想来，这些书简应该是周子良回到朱阳馆后写的，写完之后才烧的香。"《周传》中接着说："掀开锅来发现锅里还残留着酒气，和寻常酒气无异。但瓦盆已被清洗过，没有残留酒气，到处都找不到药的踪影。究竟周是服用了什么才一命归西的我至今毫无头绪。为师每每想起此事不禁感慨万千，后悔没有尽早追究。"①

二十九日日昳后，照惯例举办了殡仪，十一月三日日昳后，周子良被埋葬到茅山东冈的石冢之中。日昳指的是太阳开始西斜之时，即日暮之时。

五、陶弘景的叹息

陶弘景对弟子英年早逝感到万分痛心，时过境迁，他对周的怀念之情似乎也不曾减弱分毫。

---

① 译注：原文如下：于书案上得四函书，并封题，上皆湿。一函与师；一函与后廨姨母等；一函与舅徐普明；一大函有四纸，与南馆东山诸道士。并是告别，同云二十七日。计此当时是从朱阳还仍作书。作书竟，便烧香也。又检温铛中犹如常酒气，瓦盆中已被水荡无气，都不见药踪迹，竟不测何所因托。（夹注：检记中得一药方，或疑脱是此）师既惋慨此事，追恨不早研究。

每每想起他的音容我便觉寂寥不已，也不曾在梦中或在现实中与之感通。是因为人与神注定分隔两地吗？还是说尚需等待重逢的时机呢？①（《周传》）

虽然说子良的离去是无可奈何之事，但还是希望他可以在冥界再一次与我感通。②（《周氏冥通记》卷三《七月九日夜条朱注》）

陶自问，周子良所任的保晨司之职是不是暂时兼任保籍丞呢，继而又说道：

此事不可擅自臆测，只有通过与他感通才能得知。想必如今子良正在洞天之内吧。③（《周氏冥通记》卷三《七月十一日夜条朱注》）

在整理《周氏冥通记》时，陶弘景还发现了其中有周子良问神灵陶弘景能否登仙的记录。可以揣测当陶得知自己被召至仙界的日期被推迟时，内心有多么百感交集。

前文提到天监十四年四月，陶弘景在梦中被告知自

---

① 译注：原文如下：此后音影寂寥，未通痛瘵，将同人神之隔，为机会俟时乎？
② 译注：原文如下：夹注：往矣如何，犹冀于冥途之中既更通感耳。
③ 译注：原文如下：夹注：此非可意求，须有通感仿佛，乃可知耳，计今必应犹在洞中也。

己将被召至仙界，他立即将此事告诉周子良。周子良又将此事告诉姨母，姨母知道后私底下备好了请愿用的供品，并且告诉潘渊问让他写好祝辞，让周子良他们奏请后天窗洞。原来周子良曾多次向神灵询问陶弘景登仙一事，而陶弘景对此毫不知情。

六月一日夜，周子良与紫阳童凤灵芝的问答记录中写道，周问："陶氏才知见识如何？"紫阳童答曰："道德情操之高尚世间无人可比。但在缘业方面还是稍微有些不尽人意。"所谓"缘业"，是指每一个人前世带来的"业"①。

七月二日夜，保命府丞赵威伯如是说："陶隐居的事近来不是没有讨论过。你的姨母也多次备了供品来请愿，定录与保命二君对此也没有异议。我只是担心外界未必赞成。"之后茅定录君又接着说："陶某的名簿上不周之处较多。纵使说此事迟迟不能确定是因为我的问题，但事情也不是全由我做主的。本月中旬我将和思和（茅保命君的字）一同前往司命处与他们交涉。我想事情不会太难办的，你不必为此忧心。"②

---

① 译注：佛教徒称一切行为、言语、思想为业，分别叫做身业、口业、意业，合称三业，包括善恶两面。
② 译注：原文如下：陶隐居事，近亦不无此议。卿姨屡有跪请，二君乃无异，但恐余处不必允耳。定录曰："陶某名录多阙穿处，不的由，纵见由我，我亦不得自任；中旬间当与思和（夹注：此保命字也）。往诸司命间论之，意此必无苦，勿卒忧悒。"

七月九日夜，周与紫阳王真人的对话记录如下。王真人说："在这句曲山中也有三四人被列入下仙之品，欲知之乎？"周答曰："家师陶公何如？"王真人回："若你希望如此，其实陶氏成仙之事并不难。陶从前便位于下仙之上，也就是和范幼冲属同一等级。"范幼冲乃华阳洞天的童初蓝，勤于修炼三气之法，坚持吸纳青、白、赤三气，十年下来终于得道成仙。（《真诰·稽神枢第三》）该处的朱注写道："该处原本写'中仙之中'，后又用浓墨涂改成'下仙之上'，实在不解所以。既然说我以前就被列入在册，难道是因为我如今有所懈怠才导致被降了二级吗？"

周子良得知陶弘景登仙一事被推迟是在七月十三日的夜晚，听茅定录君和保命府丞赵威伯亲口所说。当天的记录中写道，定录君说："前阵子我与思和（茅保命君）一同去了趟太元府。当时顺便到南夫人（南岳魏夫人）处，与南夫人商讨陶某之事。延迟陶某登仙一事现已决定。"子良追问："延迟多久呢？"定录君回答道："我也难以预测到底延迟多久，也许是五年，也许是十年。虽说此事我也参与其中，但由于是上级机构直接交代东华、吩咐司命办的事，凭我一人之力也难以决定。"

赵丞说："并且现已接到东官的命令，需暂时搁置召请陶某之事。"子良又问："届时陶公会被召请到什么职位，是仙官还是鬼官呢？"丞答曰："蓬莱都的水监高光治水不力被问罪谴责，本想让陶补任该职位。虽然现在暂时搁置此事，但日后一定重新选考。水监是仙官，属司阴府，主管水务。陶有功劳，才得以补任该职位，但陶本人似乎并不是特别想当这个官。他一定不知道此官职是仙官。你不妨告诉他。"过了一会儿，又接着说："人生中的祸福，必事出有因，纵使是神明也无可奈何。陶今夜也会想起此事吧。即便他想忘却不悦、分散自己的思绪，恐怕一时之间也难以撇得一干二净。不然为何他又说起丹药调和之事呢？"①

既然赵丞说"不妨告诉他（陶弘景）"，次日清晨，周子良便将神灵的话记录了下来拿给陶弘景看，陶问道："'陶今夜也会想起此事吧'是何意？"周子良回答："我也不太明白。当时赵丞看起来颇为不快，便不敢多问。"陶在朱注中写道："当时，我心中已大致理解其意，便没有再继续深入讨论下去。"陶还如此感叹道："定录与赵丞的真知灼见我无法违抗。想来，我都未曾想

---

① 译注：原文如下：定录曰："昨与思和至太元府，仍诣南夫人论陶某事，乃得由少时。"子良问："申几时？"又曰："未测几时，或五年十年。事虽关我，亦由上府，继东华，隶司命，未敢为定。"赵丞仍曰："且已被东宫命令，且住召陶某事。"子良问："召为何职，仙官鬼官？"丞答："蓬莱都水监高光坐治水事被责，似欲以陶代之。既且停召，当更选耳。此是仙官，隶司阴府，掌水事，以陶有劳，故得补之。如陶意似不大欲为，此位既仙，陶当不知，卿可以事白陶也。"少许时又曰："夫人生祸延福凑，皆有因而至，非神明之所如。陶今夕心意，岂复忆此，虽云欲荡情散虑，恐亦未能都，去如何复言合丹事。"云云。

・第三章 梦的记录——《周氏冥通记》・

过能补任此官位（蓬莱都水监），更不可能说'并不是特别想当这个官'之类的话。恐怕是因为赵丞超前预知了我的心意。自从我发菩提心，获得太上老君之诫以来，便一直注重对性理的理解，下意识地甚至是在无意识之中勤于修道，不再执着于一切有为。世上求道者的志向有浓淡之分，赵丞想必是揣度到我的心意，发现我想补任蓬莱都水监的意愿并不是特别强烈吧。现在我已不再执着于取舍的问题了，但如果给我选择的机会，我想我并不会拒绝这个任务。只要有利于众生，无论是多么卑微、多么辛苦的职位，我都乐意担任。后面赵丞还说：'即便想忘却不悦、分散自己的思绪，恐怕一时之间也难以撇得一干二净。'神明果然明察秋毫。虽然我四十二年来一直信道，但烦恼依旧无穷无尽。更不奢望能够将这份'信忍'抛得一干二净。恐怕五年、十年都无法实现，惟愿朝闻夕死。而周生早已将这些抛得干干净净，真想现在就找他畅谈解惑啊。"①

所谓"信忍"是指深信自己能够成仙而不怀疑。

---

① 译注：原文如下：夹注：定录、赵丞灼然知见，而不可校也；寻既未知应为此位，那言不大欲为，恐是悬照此意。自发上道心，察老君诫，解其性理，习忘相怀，于一切有为，无复执着；与时求道之志，便有浓淡，故以推心知当不大欲为耳。今既忘言于取舍，便亦不辞此任。但令得在能利益众生处，虽卑虽苦，甘心为之。后云"虽欲荡情散虑，亦未能都去"，此实神察，六七往道中，犹烦恼未尽，泛此信忍，望都除邪。五年十年，非但未定，朝闻夕殡，亦是所愿。周生既已见舍，便欲促往寻之。

天监十四年八月二十一日，周子良在梦中曾与茅保命君一同到蓬莱游行，目睹了"朱台巨阙、青轩紫房"。那正是司阴府，茅保命君告诉周："不久将由陶某来掌管东南一玄宫。"陶弘景辞世之时是大同二年（536），距离周子良仙逝已有二十年。据说陶"颜色不变，屈伸如常。香气日累，氛氲满山"。（《南史·陶弘景传》）不知陶弘景究竟有没有被召为蓬莱都水监呢？[1]

---

[1] 唐代李渤于贞元二十一年（805）撰写的陶弘景传《梁茅山贞白先生传》（《云笈七签》卷五《真系》）中写道，马枢的《得道传》中记载了陶弘景被授予蓬莱仙监一职之事。马枢为陈国人，曾住在茅山。

| 第四章 |

佛在于心

——从《白黑论》到姚崇的《遗令诫子孙文》

序　言

"鸟之将死，其鸣也哀；人之将死，其言也善"，这是《论语》中记录的曾子的临终之言，说的是，人在弥留之际吐露的哀切言语往往会道出一个人的真心。

开元九年（721）九月丁未，唐玄宗执政初期的宰相——姚崇在东都洛阳的慈惠里迎来了他七十一岁生涯的最后一天。[①]在死前尚且神志清醒时，姚崇以遗书的方式留下了自己的"善言"——《遗令诫子孙文》。姚崇膝下

[①] 张说奉敕撰《故开府仪同三司上柱国赠扬州刺史大都督梁国文贞公碑》（《张说之文集》卷一四）曰："享年七十有一，开元九年九月，寝疾薨于东都之慈惠里……十年二月，葬于万安山之南原。"丁未是《旧唐书》卷八补充的。但《新唐书》和《旧唐书》的张说传中，姚崇享年均为七十二岁。

有三子，长子彝卒于五年前开元四年八月，[①]所以实际上这份遗书是传给次子异与少子奕二人的。《旧唐书》卷九六《新唐书》卷一二四的《姚崇传》、《资治通鉴》卷二一二《唐纪》等均引用姚崇的《遗令诫子孙文》，其中引用得最详细的是《旧唐书》，共有一千二百字。但从"崇先分其田园，令诸子侄各守其分，仍为遗令以诫子孙，其略曰……"可知所引用的只是摘录而已。

这篇仅摘录就有一千二百句的超长遗令涉及诸多方面的内容，单凭这一点就不得不说这封遗书非常与众不同。内容包括：1.止足；2.家产分割；3.薄葬；4.佛教。其中有关佛教的内容占了大半部分，可以说佛教是姚崇临死之际心中的"一大牵挂"。（中野重治：《森鸥外的侧面》）佛教原本最理想的形态应该是什么样子的呢？姚崇在《遗令》中对此提出了尖锐的质疑，即"释迦本法"或者说"正法"为何物的问题，他激情昂扬地提倡子孙应回归释迦的本法、正法。他批判既往的佛教偏离本法、正法，形态堕落。最让我们兴趣盎然，想一探究竟的是姚崇建议子孙们学习释慧琳的《白黑论》——倡导回归到五世纪刘宋时期的《白黑论》精神。据姚崇所说，现在不需要我们重新去阐释什么是正法，早在三个世纪前先人就已给出了答案。姚崇之所以如此否定既往的佛教，极力主张回归本法

---

① 参考崔沔撰《姚彝神道碑》（《金石萃编》卷七一）。

或者说正法,恐怕与当时佛教的某种局面有着密切的联系。某种局面指的是什么?是什么把《白黑论》与姚崇联系了起来?将五世纪初的慧琳与八世纪初的佛教串联起来的环又在哪里呢?

笔者写这篇文章的目的在于,以姚崇《遗令诫子孙文》中有关佛教的内容为线索,着眼于五世纪初到八世纪初中国士大夫对待佛教的态度,包括信或不信,来考察上述问题。但在此之前,我想先对"遗令"这一文体的普遍性质,以及姚崇《遗令诫子孙文》的大体结构进行大致的阐述。

一、姚崇《遗令诫子孙文》诞生的背景

遗令有各种别称,比如遗言、遗书、遗命、终制。也许你会觉得多此一举,不过我还是在此给大家介绍一下,遗令的内容通常包括坟墓的造法、送葬、祭奠的仪式等等,一言蔽之就是有关丧葬仪礼的指示,尤其引人注目的是,其中不乏指示儿孙薄葬自己的内容。且不说庄周留下了遗言"以天地为棺椁,以日月为连璧,星辰为珠玑,万物为赍送"(《庄子·列御寇》),历史上并不乏主张厚葬无用的能人,比如杨王孙就曾命子孙将其裸葬。单看姚崇以前的唐人,就有宝威(《旧唐书》卷六一)、王绩(《旧唐书》卷一九二)、萧瑀(《旧唐书》卷六三)、于志宁(《金石萃编》卷五六)、李世勣(《旧

唐书》卷六七)、卢承庆(《旧唐书》卷八一)、孙思邈(《旧唐书》卷一九一)、姚璹(《旧唐书》卷八九)、杨元琰(《新唐书》卷一二〇)、李乂(《新唐书》卷一一九)、刘知柔(《新唐书》卷二〇一),无一不在垂危之际留下有关薄葬的遗令。除了这些名垂青史的士大夫之外,位仅京兆府功曹的韦希损也在墓志(《八琼室金石补正》卷五一)上刻下如下字句:"享年六十有三,开元七年八月九日,倾于新昌里第之中堂。先是,诫次子璞玉曰:'昔有虞氏瓦棺,夏后氏堲周,逮德下衰,以宝玉崇窆,浮侈蒿目,我不忍为也。不讳之日,尔其志之。'"因此,韦希损下葬时"椁中唯贮纸笔古集六卷"。姚崇的遗令中也有一段指示子孙将其薄葬:①

　　从前,亚圣孔子即使母亲的墓室倒塌也不加修缮;②

---

① 引用姚崇《遗令诫子孙文》(以下简称为《遗令》)时,采用的是在正文展示笔者的拙译(基于《旧唐书·姚崇传》,再适当地添加注释进行说明的形式。
② 《礼记·檀弓上》:孔子既得合葬于防,曰:"吾闻之:古也墓而不坟。今丘也,东西南北之人也,不可以弗识也。"于是封之,崇四尺。孔子先反,门人后,雨甚。至。孔子问焉,曰:"尔来何迟也?"曰:"防墓崩。"孔子不应。三。孔子泫然流涕曰:"吾闻之,古不修墓。"至于为何孔子被称为"亚圣"则无从得知。姚崇本人在和卢怀慎的问答中称"孔丘将圣也"。(《旧唐书·姚崇传》)毋庸多言,"将圣"源自于《论语·子罕》中的"固天纵之将圣",孔安国加注曰,"言天固纵之大圣之德",将"将圣"改为"大圣"。虽然唐高祖武德年间以及唐高宗永徽年间的释奠之祭中,周公被视为先圣,孔子从先圣被降格为先师(《新唐书》卷一五《礼乐志》),但从未被称为"亚圣"。赵岐的《孟子题辞》称孟轲为"命世亚圣之大才者也",无名氏作的《徐干中论序》将荀卿与孟轲并称为亚圣,还有诸葛恪写给陆逊的书简中有一节说,"自孔氏门

·第四章 佛在于心——从《白黑论》到姚崇的《遗令诫子孙文》· |103|

至贤梁鸿在父亲逝世后,卷席而葬。①还有杨震、赵咨、卢植、张奂都是一代豪杰,通晓古今,无一不在遗言中命子孙薄葬自己。②他们下葬时所穿的都是洗褪了色的或者现有的衣物,身披帛制的单衣,头戴幅巾。他们深知一旦灵魂离开了肉体,最重要的便是要令其速速腐化。③子孙们皆遵其遗命,时至今日仍是美谈佳话。凡厚葬者,皆非明哲人士,或溺于流俗,不察幽明之理。他们都以奢侈的厚葬为忠孝,以俭约的薄葬为悭吝,但反而招致死者(惨遭盗墓之灾)被戮尸暴骸,给生者戴上不忠不孝的罪名,凄惨不已。

徒,大数三千,其见异者七十二人,至于子张、子路、子贡等七十之徒,亚圣之德"。(《三国志》卷六四《吴志·诸葛恪传》)但在唐代以前,提到亚圣首先想到的一定是颜回。《论语集解义疏》中皇侃义疏引用了刘歆之说"颜是亚圣人之偶",此外,《周易·系辞下》"颜氏之子,其殆庶几乎"的注释亦云,"其殆庶几乎者,言圣人知几,颜子亚圣,未能知几,但殆近庶慕而已,故云其殆庶几乎"。开元八年,玄宗让人在先圣孔宣父庙的墙上画了七十子及左丘明、贾逵等二十二贤的画像,并让当朝文士为他们撰写赞文,唯有颜回,由于身为亚圣,他的赞文是由玄宗亲自撰写的。(《旧唐书》卷二四《礼仪志》)此外,开元十一年所刻的《孔子颜子赞残石》(《八琼室金石补正》卷五二)的孔子赞以"猗欤夫子,是有圣德"开篇,而御制的颜回赞中则说"回也亚圣,邱也称贤,四科之首,百行之先"。
① 《后汉书》卷八三《逸民列传第七十三》:"父让……寓于北地而卒,鸿时尚幼,以遭乱世,因卷席而葬。"
② 可分别参考《后汉书·列传》第四十四、第二十九、第五十四、第五十五的人物传记,也可参考本书第一章《如魂气无不之也》。
③ 《礼记·檀弓上》:昔者,夫子居于宋,见桓司马自为石椁,三年而不成。夫子曰:"若是其靡也,死不如速朽之愈也。"

死者没有意识（知），如同粪土。[1]何必特意厚葬，伤了素日的操行。即便死者有意识，其灵魂（神）也不在柩中。又何须违抗君父之令，散尽衣食之资呢？

待我死后，只需将我四季常穿的衣物各取一套放入棺中即可。我生性不爱冠衣，一定不要放入棺中。紫衣玉带身上够戴即可，你们切记不要违背我的嘱咐。况且神道最忌讳奢侈行事，冥途以质朴为贵。如果你们违背我的指示，我将受戮于九泉之下，你们如何心安？三思而后行啊！[2]

从姚崇在《遗令》中引证了杨震、赵咨、卢植、张奂等人的例子可以看出，他是想效仿先贤。另外，还有几点值得一提。

神龙二年（706）正月八日，姚崇的母亲刘氏逝世，

---

[1] 赵咨的遗书也说："夫亡者，元气去体，贞魂游散，反素复始，归于无端。既已消仆，还合粪土。土为弃物，岂有性情。"
[2] 译注：原文如下：昔孔子亚圣，母墓毁而不修；梁鸿至贤，父亡席卷而葬。昔杨震、赵咨、卢植、张奂，皆当代英达，通识今古，咸有遗言，属以薄葬。或濯衣时服，或单帛幅巾。知真魂去身，贵于速朽，子孙皆遵成命，迄今以为美谈。凡厚葬之家，例非明哲，或溺于流俗，不察幽明，咸以奢厚为忠孝，以俭薄为悭惜，至令亡者致戮尸暴骸之酷，存者陷不忠不孝之消。可为痛哉！可为痛哉！死者无知，自同粪土，何烦厚葬，使伤素业。若也有知，神不在柩，复何用违君父之令，破衣食之资。吾身亡后，可殓以常服，四时之衣，各一副而已。吾性甚不爱冠衣，必不得将入棺墓，紫衣玉带，足便于身，念尔等勿复违之。且神道恶奢，冥途尚质。若违吾处分，使吾受戮于地下，于汝心安乎？念而思之。

· 第四章 佛在于心——从《白黑论》到姚崇的《遗令诫子孙文》·

她和姚崇一样都在东都慈惠里的府邸之中度过了人生的最后一刻。刘氏留下遗令，要与其夫，也就是姚崇的父亲姚懿合葬。姚懿于龙朔二年（662）在巂州都督府逝世，神龙三年被葬在籍贯地硖石县安阳公之原。

遗令曰："生以形累，死以魂游。然事尊在冥，无远不至。何必合葬，然后为礼。昔邴根矩沐德信，并通儒达识，咸同窆为非，实获我心，当从其议，无改吾志，尔惟孝乎。殁已可于龙门山外用为窀穸，翼近家园，以慰吾平生之好耳。"①

姚崇幼时丧父，被母亲一手拉扯大，母亲的遗诫他必然是要恭恭敬敬地去遵循的。最终姚崇依刘氏所嘱，将她葬于万安山南阳。十五年后，姚崇被葬在了同一片土地上，想必姚崇临死前，母亲的遗诫一定言犹在耳。②

还有一点不得不提的是，姚崇的《遗令》与开元二年（714）九月甲寅公布的厚葬禁令的思想基本上是一致

---

① 《巂州都督姚懿碑》（《八琼室金石补正》卷五〇）。邴原反对合葬一事未详。关于沐并，则有"戒后亡者不得入藏，不得封树"的记述（《三国志》卷二三《魏志·常林传》注引《魏略》）。再者，据《润州刺史王美畅妻长孙氏墓志》（《八琼室金石补正》卷四九）的记载，卒于大足元年的长孙氏也认为合葬不合古礼。其依据应该是《礼记·檀弓上》中的"舜葬于苍梧之野，盖三妃未之从也"及其注释"古者不合葬"。
② 见第99页注①。

的。禁令中说：

> 自古帝王，皆以厚葬为诫，以其无益亡者，有损生业故也。近代以来，共行奢靡，递相仿效，浸成风俗。既竭家产，多至凋弊……古者不封，未为非远。且墓为贞宅，自便有房，今乃别造田园，名为下帐，又冥器等物，皆竞骄侈。失礼违令，殊非所宜；戮尸暴骸，实由于此。

禁令中规定要按照品阶的高低来选择明器等的颜色种类、长短、大小，还禁止在陵墓中设置帷帐，要求坟墓设计要尽量简约，不可用金银为送终的道具做装饰等等。[1]

前文的敕令中"近代以来，共行奢靡"的"近代"指的应该是开元以前的武韦时代。永隆二年（681）正月致雍州长史李义玄的诏文曰："商贾富人，厚葬越礼，卿可严加捉搦，勿使更然。"（《旧唐书》卷五）还有中宗时代唐绍曾上疏道："比群臣务厚葬，以俑人象骖眩耀相矜，下逮众庶，流宕成俗。愿按令切敕裁损，凡明器不许列衢路，惟陈墓所。"（《新唐书》卷一一三《唐绍传》）[2]充分说明当时流行厚葬，而非薄葬，厚葬已成世

---

[1] 见《旧唐书》卷八。《唐大诏令集》卷八〇中有少数文字被改动。
[2] 《唐会要》卷三八将此事记为睿宗太极元年六月之事，令人不解。因为景云三年（712）正月己丑元号被改为太极，五月辛未又改为延和，八月甲辰改为先天，不存在"太极元年六月"的说法。

· 第四章 佛在于心——从《白黑论》到姚崇的《遗令诫子孙文》·

间一大风俗。遗憾的是该上疏最终并没有被采纳。

开元初期的政治工作可以用"以清扫武韦时代的沉疴积弊为导向"一言概之。尤其是姚崇，他冲锋在前，一心一意辅佐玄宗。睿宗景云二年（711）二月姚崇因触怒太平公主，从宰相被贬为申州刺史、后又任同州刺史。先天二年（713）十月甲辰，玄宗在渭川狩猎时引见姚崇。玄宗刚即位不久，对姚崇所说的"十事要说"深有感触，便将姚崇提拔为兵部尚书、同中书门下三品。同年十二月庚寅，年号改为开元，姚崇取代张说升为紫微令，即中书令。后来开元四年（716）闰月己亥，姚崇推荐宋璟为继任者，辞了知政事一职。也就是说，他曾位及知政事，即当朝第一宰相。"同时宰相卢怀慎、源乾曜等，但唯诺而已。崇独当重任，明于吏道，断割不滞"（《旧唐书》卷九六《姚崇传》），"怀慎与紫微令姚崇对掌枢密，怀慎自以为吏道不及崇，每事皆推让之，时人谓之'伴食宰相'"（《旧唐书》卷九八《卢怀慎传》）。对于伴食宰相卢怀慎，玄宗只是期望他"坐镇雅俗"，而将政治要务掌握在手中的姚崇则以"救时之相"自居。（《资治通鉴》卷二一一《开元三年》）所谓"救时之相"，指的是姚崇在社会运作异常的武韦时代，在唐王朝体制危殆之时，担当起了重振山河的重任。姚崇的强硬异于常人，他时而耍弄权术,导致与同僚之间发生冲突。①且看《新唐书·姚崇传》是如何总结他的政治作为的——"时承权戚干政之后,纲纪大坏,先天末,宰相至十七人,台省要职不可数。崇常先有司罢冗职,修制度,择百官各当其材,请无广释道(佛教、道教),无数移吏。繇是天子责成于下,而权归于上矣"。通常遗令可以说是出于私人立场而写的一篇人生总结。但从《姚崇传》的记述来看,如果说姚崇的《遗令》体现了他作为一个公职人员的立场,也在情理之中。姚崇《遗令》中有关薄葬的指示与厚葬禁令的内容有所重叠也是其中一个体现。希望大家接下来在读到姚崇《遗令》中有关佛教的内容时不要忽视了这一点。

---

① 比如《太平广记》卷一七〇引用的《明皇杂录》中记载了姚崇和张说之间曾发生如下冲突:姚元崇与张说同为宰辅,颇怀疑阻,屡以事相侵,张衔之颇切。姚既病,诫诸子曰:"张丞相与吾不叶,衅隙甚深。然其人少怀奢侈,尤好服玩。吾身殁之后,以吾尝同寮,当来吊。汝其盛陈吾平生服玩,宝带重器,罗列于帐前。若不顾,汝速计家事,举族无类矣。目此,吾属无所虞;便当录其玩用,致于张公,仍以神道碑为请。既获其文,登时便写进,仍先砻石以待之,便令镌刻。张丞相见事迟于我,数日之后,必当悔。若却征碑文,以刊削为辞,当引使视其镌刻,仍告以闻上讫。"姚既殁,张果至,目其玩服三四。姚氏诸孤悉如教诫。不数日文成,叙述该详,时为极笔。其略曰:"八柱承天,高明之位列;四时成岁,亭毒之功存。"后数日,果使使取文本,以为词未周密,欲重加删改。姚氏诸子乃引使者示其碑,仍告以奏御。使者复命。悔恨拊膺曰:"死姚崇犹能算(弄?)生张说,吾今日方知才之不及也远矣。""八柱承天"云云乃见第99页注①。

· 第四章 佛在于心——从《白黑论》到姚崇的《遗令诫子孙文》·

二、止足与家产分割

众多遗令之中，有不少只写了坟墓的造法以及送葬、祭奠仪式的相关指示。但姚崇的《遗令》内容涉及各方各面，而且口吻极其郑重。从结尾那句"汝等身没之后，亦教子孙依吾此法云"可以看出，姚崇希望子孙们将此遗令当作家训代代相传。①姚崇的《遗令》正是所谓的"留给子孙的遗言"（《贞丈家训》）。当然并不是说在姚崇之前就没有此类遗令，比如，琅琊王氏的先祖王祥的遗令就当属此列。②但可能是为了便于诵读，王祥的遗令只是以短句的形式罗列了信、德、孝、悌、让等抽象的品德，而姚崇的《遗令》所言皆十分具体，并且反复强调，妙语连珠。首先，关于"止足"③，姚崇是这么说的：

> 古人云，富贵会招致人们的怨恨。④地位越高贵的

---

① 宇都宫清吉：《有关唐代贵人的考察》（《史林》第19卷第3号，后被收录在《中国古代中世史研究》，创文社，1977）直接将姚崇的《遗令》称为家训。
② 见《晋书》卷一三《王祥传》。前半部分告知子孙墓的做法、命子孙送葬、祭奠要一切从简，结尾留下五条训诫如下。"夫言行可覆，信之至也；推美引过，德之至也；扬名显亲，孝之至也；兄弟怡怡，宗族欣欣，悌之至也；临财莫过乎让。此五者，立身之本。颜子所以为命，未之思也，夫何远之有"。
③ 译注："止足"，指知足知止，不求名分。
④ 《汉书》卷七一《疏广传》：贤而多财，则损其志，愚而多财，则益其过，且夫富者，众人之怨也；吾既亡以教化子孙，不欲益其过而生怨。

人，神灵越忌讳他的丰盈，人们越厌恶他位居其上。①富贵的人，非但鬼要来窥视他的家，②盗贼也会贪图他的钱财。自开天辟地以来，据古籍记载，从未有人德行浅薄却能担当重任，且长命百岁，不受谴责。范蠡、疏广等人深知"知止知足"的道理，前代的史书也对他们赞许有加。③更何况我的才能不及古人，却长年占尽荣耀和恩宠。地位越高我越不安，所受的恩惠越多我越忧虑。从前，在中书省任职时，我因病时常感到疲倦困乏，但也绝不懈怠，即便如此还是难免耽搁工作。于是我再三推举贤人来接任自己，所幸天从人愿，终于承蒙皇上应允，使我能够悠然畅游于园林池沼之中，过上放浪形骸的日子。④人生在世，得以如此也该满足了。田邑云："未曾有人能活至百岁。"⑤王逸少（羲之）曰："俯首扬头之间，

---

① 《周易·谦彖辞》：天道下济而光明，地道卑而上行。天道亏盈而益谦，地道变盈而流谦，鬼神害盈而福谦，人道恶盈而好谦。
② 扬雄《解嘲》：高明之家，鬼瞰其室。
③ 范蠡见《史记》卷四一《越王勾践世家》，疏广见《汉书》卷七一《疏广传》。
④ 原文"放浪形骸"源自王羲之《兰亭集序》的"放浪形骸之外"。
⑤ 原文为"田巴"，系"田邑"之误。《后汉书》列传第十八上《冯衍传》：邑报书曰……若使人居天地，寿如金石，要长生而避死地可也。今百龄之期，未有能至，老壮之间，相去几何。此外，《古诗十九首》第十五首中亦有"生年不满百，常怀千岁忧"一句。

（过去的欢愉）已成旧事。"①所言极是。②

自古以来讲述止足之德的家训数不胜数，举一个最简明易懂的例子，《颜氏家训》当中便有一篇专门写"止足"。从这个角度来看，姚崇《遗令》的家训属性就更明显了。

接下来，让我们来看看姚崇是怎么谈"生分"③的。

近来看到各位高官死后，子孙们失去庇护后大多穷途潦倒。兄弟之间的关系本应是连一斗米、一尺布也要互相分享的，④如今却形同陌路。这不仅伤了子孙本人的脸面，更辱没了先人，不论谁是谁非，都沦为了世人的笑柄。庄田和水碾是大家共有的财产，如果互相推诿责任势

---

① 王羲之《兰亭集序》：向之所欣，俯仰之间，已为陈迹，犹不能不以之兴怀。
② 译注：原文如下：古人云：富贵者，人之怨也。贵则神忌其满，人恶其上，富则鬼瞰其室，鬼利其财。自开辟已来，书籍所载，德薄任重而能寿考无咎者，未之有也。故范蠡、疏广之辈，知止足之分，前史多之。况吾才不逮古人，而久窃荣宠，位逾高而益惧，恩弥厚而增忧。往在中书，遘疾虚惫，虽终匪懈，而诸务多阙。荐贤自代，屡有诚祈，人欲天从，竟蒙哀允。优游园沼，放浪形骸，人生一代，斯亦足矣。田巴云："百年之期，未有能至。"王逸少云："俯仰之间，已为陈迹。"诚哉此言！
③ 译注："生分"指生前分割财产。
④ 《史记》卷一一八《淮南厉王长传》：孝文十二年，民有作歌，歌淮南厉王曰："一尺布，尚可缝；一斗粟，尚可舂。兄弟二人不能相容。"

必要导致土地荒废。①陆贾、石苞都是贤明豁达之人，所以在死前事先分好家产，杜绝了身后子孙争夺家产的风险。②我静心思考，对他们的做法不得不深表叹服。③

读到姚崇评论达官贵人的子孙们"失去庇护后大多穷途潦倒"，让人不禁想起南齐王僧虔的《诫子书》。王僧虔说："舍中亦有少负令誉弱冠越超清级者，于时王家门中，优者则龙凤，劣者犹虎豹，失荫之后，岂龙虎之议？况吾不能为汝荫，政应各自努力耳。"（《南齐书》卷三三）王僧虔训诫子孙应各自勤于读书，建功立业。④反观姚崇为了避免死后家中产生纠纷而进行"生分"，对此顾炎武感叹道："呜呼，此衰世之意也。"（《日知录》卷一三《分居》）话虽如此，我们却可以从中看到姚崇性

---

① 原文为：庄田水碾，既众有之，递相推倚，或致荒废。其中"众"的语义参考了胜村哲也《南朝门阀之家产——〈文选〉所载〈奏弹刘整〉新解》（《佛教大学人文学论集》第8号）。
② 陆贾见《史记》卷九七，石苞见《晋书》卷三三。传闻刘弘基（582—650）在遗令中将奴婢十五人、良田五顷分给诸子，剩余财产悉数散施。
③ 译注：原文如下：比见诸达官身亡以后，子孙既失覆荫，多至贫寒，斗尺之间，参商是竞。岂唯自玷，乃更辱先，无论曲直，俱受嗤毁。庄田水碾，既众有之，递相推倚，或致荒废。陆贾、石苞，皆古之贤达也，所以预为定分，将以绝其后争，吾静思之，深所服。
④ 参考安田二郎《王僧虔〈诫子书〉考》，《日本文化研究所研究报告》第17辑。

格中理性主义的部分。①

姚崇《遗令》接下来还讲到了前一节介绍的薄葬，之后终于进入正题——有关佛教的内容。为了便于下文展开论述，我想先概述一下姚崇以前的遗令是如何谈论佛教的。这些文章除了具有遗令这一文体本身特有的性质之外，还生动地展现出了日常生活中士大夫与佛教的关联。

三、遗令与佛教——唐朝以前

依我所见，最先在遗令中提及佛教的是南齐太祖高帝的次子——豫章文献王萧嶷（444—492），他在遗令中指示子廉和子恪二子在他死后应如何祭奠：

> 三日施灵，唯香火、盘水、干饭、酒脯、槟榔而已。朔望菜食一盘，加以甘果，此外悉省……后堂楼可安佛，供养外国二僧，余皆如旧。与汝游戏后堂船乘，吾所乘牛马，送二宫及司徒，服饰衣裘，悉为功德。（《南齐书》卷二二）

---

① 有两则有关姚崇的典故：开元四年山东发生蝗灾时，姚崇反对仅仅"烧香礼拜，设斋祈恩"而束手待毙，主张在半夜点火，在火遍挖坑，焚烧蝗虫之后就地填埋，从而彻底驱除蝗灾。开元五年，玄宗准备行幸东都，碰巧太庙倒塌，玄宗担心是神灵在劝诫他不要东行，姚崇则告诫玄宗太庙倒塌是因为木材腐朽，只是"偶与行期相会"而已。

在此需要略加说明的是"菜食"一词。或许大家会觉得意外,在饮食生活这一方面,佛教徒对待"不杀生戒"的态度确实一直到之后很晚的时期为止都是模棱两可的。的确,西晋竺叔兰年轻时有过这么一则轶事——其母为了告诫他不要过度游猎而开始"蔬食"(《出三藏记集》卷一三,《大正藏经》卷五五第98页中段。标记为T55,98b);还有郗超在《奉法要》(《弘明集》卷一三)中有言"凡斋日皆当鱼肉不御"(T55,86b);释道恒的《释驳论》(《弘明集》卷六)有言"沙门既出家离俗,其志高尚……投足而安,蔬食而已"(T52,35b)。但也有人比如支遁,幼时与其师争论物类别的问题,主张生吃鸡蛋不算杀生毫不让步,其师当时未能驳倒他。但老师死后,有一日支遁面前突然出现了老师的身影。老师将鸡蛋摔在地上,蛋壳中生出了雏鸡,不一会儿又全都消失不见了。据说支遁见到此景有所感悟,自那以后便终身食蔬。(《高僧传》卷四)还有沈约的《究竟慈悲论》(《广弘明集》卷二六)中有言:"昔《涅槃》未启,十数年间,庐阜名僧已有蔬食者矣。"文中对《涅槃经》传来之前庐山的僧人之中有蔬食者一事大书特书,也就是说除了庐山僧人之外,并没有其他蔬食者。法显携归的六卷《泥洹经》(泥洹和涅槃都是nirvana的音译)乃佛驮跋陀罗自东晋义熙十三年(417)至十四年(418)译出的。另外,北本,即北凉高僧昙无谶翻译的四十卷《大般涅槃经》传到江南时,已是宋元嘉七年(430)、八年(431)左右。基于上述两本经书而改编的南本,自然出现得更晚。①

既然沙门之中都尚且如此,更何况俗世的信徒呢。俗世信徒开始认真践行菜食的时期更晚,恐怕要到萧巍之时,也就是南齐时代。当时较为出名的蔬食者有精通佛理、深信姻缘罪福的周颙。周颙的朋友何胤一心奉佛,下定决心断绝肉食。但他生性热爱美食无法贯彻到底,非但认为吃白鱼、鲲脯、糖蟹不算杀生,还让学生们讨论可否吃蚶蛎。学生钟岏的意见是:"至于车螯蚶蛎,眉目内缺,惭浑沦之奇,犷壳外缄,非金人之慎,不悴不荣,曾草木之不若,无馨无臭,与瓦砾其何算。故宜长充庖厨,永为口实。"据说笃信佛教的竟陵王萧子良听到此言勃然大怒。此外,周颙还曾给何胤的兄长何点写过书简,讲述轮回的可怕之处,劝何点吃素:"丈人之所以未极遐蹈,或在不近全菜邪……若云三世理诬,则幸矣良快,如使此道果然,而形未息,则一往一来,一生一死,轮回是常事。杂报如家,人天如客,遇客日鲜,在家日多,②吾侪信业,未足长免,则伤心之惨,行亦息念。丈

---

① 塚本善隆:《关于南朝"元嘉治世"的佛教兴隆》,《东洋史研究》第22卷4号,《著作集》第3卷,大东出版社,1975。
② 六道轮回的过程中,生于地狱界、饿鬼界、畜生界、阿修罗界的居多,而生于人界、天界的极少。

人于血气之类，虽无身践，至于晨凫夜鲤，不能不取备屠门……此甘与肥，皆无明之报聚也。何至复引此滋腴，自污肠胃？"[1]

就这样南齐的一部分士大夫开始认真地讨论起"断食肉"的问题，后来"断食肉品"在梁武帝的领导之下得到彻底的贯彻执行。在此简述一下《广弘明集》卷二六中收录的《断酒肉文》（T52,294b以下）。当时，梁武帝将僧尼们召集到宫内，让光宅寺法云法师为众僧尼宣讲主张断食肉品的《大般涅槃经》卷四的内容。但由于有许多僧人认为"律中无断肉事，及忏悔食肉法"，于是梁武帝重新邀请义学僧一百四十一人，义学尼五十七人到华林园华光殿，命由庄严寺法超、奉诚寺僧辩、光宅寺宝度三位律师高升法座主持法会。武帝亲自质问三位律师有关断食肉的问题，还向下座的龙光寺道恩、宣武寺法隆等诸位律师提出质疑。问答结束后，武帝下令让始兴寺景猷法师升上高座，诵读《楞伽阿跋多罗宝经》卷四《央掘魔罗经》第一卷中有关断肉的经文。遗憾的是由于没有时间记录，我们无从得知此事发生于何时。沈约提出的最彻底的"慈悲论"，即主张不仅要断肉食，还要改蚕衣为麻衣的《究竟

---

[1] 出自《南齐书》卷四一《周颙传》及《广弘明集》卷二六，但《广弘明集》中将何点的书简当作何胤之物。

慈悲论》，想必也是在这一时期创作出来的。①

那么回到正题。萧嶷（南齐）时代还有一位士大夫叫张融（444—497），他在遗命中吩咐子孙为他入殓时要让他"左手执《孝经》《老子》，右手执《小品》（《般若经》）与《法华经》"。（《南齐书》卷四一）我在其他文章中也曾提及此事，在此就不赘述了。②光阴荏苒，梁朝时佛教开始兴盛。所以也不难理解为何到了陈朝，便多了许多与佛教有关的遗令。萧琛（478—529）在遗令中指示子孙"祭以蔬菜"（《梁书》卷二六），遁世于摄山的萧眎素则留下遗言称死后要将他葬在僧朗法师的墓旁（江总：《摄山栖霞寺碑》）。还有到溉（477—548），他在弟弟到洽死后，将其生前经常居住的书斋捐赠给佛寺，并且将自己的俸禄几乎全数投入到该佛寺以及到氏一家创立的蒋山延贤寺两座寺庙的经营之中。不仅如此，他还断腥膻，践行蔬食，在新建的小屋中与僧徒们一道每日早晚礼

---

① 《广弘明集》卷二六中收录的《断杀绝宗庙牺牲诏并表请》开头写道，"梁高祖武皇帝临天下十二年，下诏去宗庙牺牲，修行佛戒，蔬食断欲"，可作参考。但据《梁书》《南史》记载，梁武帝下诏禁止在宗庙祭祀时宰杀牲畜不是在天监十二年（513），而是在天监十六年（517）。并且，沈约本为周颙的密友，为了帮助他坚持素食，一年四季寄送各类菜品给他。周颙死后，沈约曾在《与约法师书》（《广弘明集》卷二八）怀念此事。可参考诹访义纯《关于中国佛教菜食主义思想的形成的浅见——佛教传入至梁初时期》，《日本佛教学会年报》43号；诹访义纯：《南齐周颙的生涯及其宗教思想》，《爱知学院大学文学部纪要》6号。
② 《六朝时代对〈孝经〉的接受》，《六朝精神史研究》，同朋舍，1984。

佛诵经。这位笃信佛教的居士在临死时，将遗言托付给志同道合的张绾与刘之遴，要求子孙遵循薄葬之礼。遗言如是说：

> 气绝便敛，敛以法服，先有冢窆，敛竟便葬，不须择日。凶事必存约俭。

到溉垂危之际叫家人退下，召来僧人诵经赞佛。死时其脸色竟和生前无异，手屈二指，即佛道所云"得果"也。（《梁书》卷四〇、《南史》卷二五）

到溉所说的"法服"不是《孝经》中"非先王之法服不敢服"的"法服"，而是指《颜氏家训·归心》"一披法服，已堕僧数"中的僧衣。从这个例子我们可以看到随着岁月变迁，越来越多的佛教仪礼被纳入到殡葬仪礼之中，接下来我们不妨透过遗令来洞察这一现象。

> 气绝之后，若直弃之草野，依僧家尸陁林法，是吾所愿。正恐过为独异耳。可用薄板周身，载以灵车，覆以苇席，坎山而埋之。

这是陈朝的谢贞（？—585）留给族子谢凯的遗书。（《陈书》卷三二）佛教流传到中原以前，比如姚崇引证的赵咨，他将《周易·系辞传》中所说的"古之葬者，

· 第四章 佛在于心——从《白黑论》到姚崇的《遗令诫子孙文》·

厚衣之以薪，葬之中野"称之为"僧家尸陁林法"，这一点不得不引人注意。还有陈朝杰出的学者姚察（533—606），阅遍经书无数，对佛理造诣极深。他也在陈朝灭亡后，于隋朝大业二年，卒于东都洛阳。临死前他留下遗令如下：

吾家世素士，自有常法。吾意敛以法服，并宜用布，土周于身。又恐汝等不忍行此，必不尔，须松板薄棺，才可周身，土周于棺而已。葬日，止粗车，即送厝旧茔北。吾在梁世，当时年十四，就钟山明庆寺尚禅师受菩萨戒，自尔深悟苦空，颇知回向矣。尝得留连山寺，一去忘归。①……既牵缠人世，素志弗从。且吾习蔬菲五十余年，既历岁时，循而不失。瞑目之后，不须立灵，置一小床，每日设清水，六斋日设斋食果菜，任家有无，不须别经营也。(《陈书》卷二七)

据说临终之际，姚察的脸色看不出一丝痛苦，他向西而坐，正念②，云"一切空寂"，然后便气绝归西。

---

① 《广弘明集》卷三〇所收姚崇《游明庆寺诗》的题辞曰，"遇见萧祭酒书明庆寺禅房诗，览之怆然，忆此寺，仍用萧韵述怀"（T52,358c），"宿昔寻真趣，结友亟留连。山庭出蘿藋，涧沚灌潺湲。因斯事熏习，便得息攀缘"（359a）。
② 译注："正念"是佛教用语，指修行方法，八正道的第七支。谓将心念专注观身不净、观受是苦、观心无常、观法无我。

南朝士大夫的遗令大致如此，到了北朝基本上也没有太大的变化。比如，北魏崔孝直死前吩咐诸子"敛以时服，祭勿杀生"（《魏书》卷五七）；从南齐逃命到北魏的裴植（466—515）遭权臣于忠陷害，被赐死刑，临死前留下遗令："命尽之后，剪落须发，被以法服，[①]以沙门礼葬于嵩高之阴。"（《魏书》卷七一）裴植本人就熟读佛家经典，而且受到其母夏侯氏深刻的感化。在他担任瀛洲刺史时，夏侯氏已年越七十，但仍舍身沙门寺，执起笤帚勤于洒扫。

裴植的三个弟弟也身着奴仆的服饰，泪流满面地跟随在夏侯氏身后，据说各自拿出了数百匹布帛方才将母亲赎回。裴植被赐死后，夏侯氏又出家成为比丘尼，进了嵩高山，只为替非命而死的裴植祈求冥福。

最后一个我想介绍的在遗令中提及佛教的六朝人是颜之推，其《颜氏家训·终制》中有一节如下：

其内典功德，随力所至，勿割竭生资，使冻馁也。四时祭祀，周、孔所教，欲人勿死其亲，不忘孝道也。求诸内典，则无益焉。杀生为之，翻增罪累。若报罔极之德，霜露之悲，有时斋供，及尽忠信，不辱其亲，望于汝也。

[①] 见《法华经》序品的偈语"我见诸王，往诣佛所，问无上道，便舍乐土，宫殿臣妾，剃除须发，而被法服"（T9, 3a）。

不论从品德还是学识来看，颜之推都不愧为六朝末期士大夫的代表。他认为，佛法慈悲、讲究不杀生，否定了儒家经典所倡导的祭祀，意义非常深远。在提到《礼经》时则欲抑先扬，称其"亦为至矣"，接着又说"但既残缺，非复全书；其有所不载，及世事变改者，学达君子，自为节度，相承行之"（《颜氏家训·风操》）。颜氏的《终制》也受到了这种看法的深刻影响。在他看来，佛教，尤其是《礼经》应该加以"节度"，即modify①。

透过前文罗列的六朝人的遗令，虽然讲的都是有关殡葬仪礼的内容，我们仍旧可以从中看出佛教已深深地渗透进了士大夫的日常生活中。每一篇遗令都是一位"清信士"②的记录，他们诚心皈依佛教，从不愧对佛法，从这些记录中我们看不到一丝一毫他们对佛法的怀疑。如果说六朝时代是士大夫与佛教的蜜月期，那么在唐人的遗令中二者的关系又是如何演变的呢？

四、姚崇《遗令》中的佛教

为了摸清楚唐人遗令中所体现的士大夫与佛教的关系变化，我试图在新旧《唐书》中寻找答案，但其中与佛教相关的遗令实在寥寥无几。新旧《唐书》在姚崇之

---

① 译注：modify：修改，更改。
② 译注："清信士"指虔诚的男信徒。

前，还记载了窦威(《旧唐书》卷六一)、李世勣(《旧唐书》卷六七)、萧瑀(《旧唐书》卷六三)、刘弘基(《旧唐书》卷五八)、卢承庆(《旧唐书》卷八一)等人的遗令，但提及佛教的只有零零星星的几句。[①]唯有一个例外是傅奕的遗令，这位激烈的排佛者死于贞观十三年(639)，[②]他在临危之际给儿子留下一段训诫，与上一节介绍的六朝人遗令截然不同。

> 老、庄玄一之篇，周、孔《六经》之说，是为名教，汝宜习之。妖胡乱华，举时皆惑，唯独窃叹，众不我从，悲夫！汝等勿学也。古人裸葬，汝宜行之。(《旧唐书》卷七九)

"妖胡"原本指佛教，践行裸葬的古人，颇为有名的是汉代杨王孙。而且，在傅奕逝世八十年后立下的姚崇《遗令》中，也有激烈的批判佛教的言论，乍一看让人以

---

① 据《弘赞法华传》卷三记载，萧瑀的遗嘱如下：吾之衣服道具，并送津梁寺，同僧羯磨。其上赐山衲，及高祖树皮衲、铁如意、曲几、麈尾、香炉、澡灌、玉唾壶、玛瑙珠、朝冠、器服，并入常住，永为供养。(T51,19c)萧瑀的佛教信仰方面，可参考爱宕元《隋末唐初兰陵萧兵对佛教的接受——以萧瑀为中心》，《中国中世的宗教与文化》，京都大学人文科学研究所，1982。姚崇以后的人物有杜鸿渐(709—769)，可参考"及休致后病，令僧剃顶发，及卒，遗命其子依胡法塔葬，不为封树，冀类缅流，物议哂之"。(《旧唐书》卷一〇八)
② 关于傅奕，可参考笔者的《中国的排佛论的形成》，《六朝精神史研究》，同朋舍，1984。

· 第四章 佛在于心——从《白黑论》到姚崇的《遗令诫子孙文》·

为姚崇也是一个排佛者。接下来我将以原文、译文对照的方式来逐段解读姚崇的《遗令》。

今之佛经，罗什所译，姚兴执本，与什对翻，姚兴造浮屠于永贵里，倾竭府库，广事庄严，而兴命不得延，国亦随灭。又齐跨山东，周据关右。周则多除佛法而修缮兵威，齐则广置僧徒而依凭佛力。及至交战，齐氏灭亡，国既不存，寺复何有？修福之报，何其蔑如！梁武帝以万乘为奴，胡太后以六宫入道，岂特身戮名辱，皆以亡国破家。近日孝和皇帝发使赎生，倾国造寺。太平公主、武三思、悖逆庶人、张夫人等皆度人造寺，竟术弥街，咸不免受戮破家，为天下所笑。经云："求长命得长命，求富贵得富贵"，"刀寻段段（段段）坏，火坑变成池"。比来缘精进得富贵长命者为谁？生前易知，尚觉无应，身后难究，谁见有征。且五帝之时，父不葬子，兄不哭弟，言其致仁寿、无夭横也。三王之代，国祚延长，人用休息，其人臣则彭祖、老聃之类，皆享遐龄。当此之时，未有佛教，岂抄经铸像之力，设斋施物之功耶？《宋书·西域传》有名僧为《白黑论》，理证明白，足解沉疑，宜观而行之。

今日之佛经乃鸠摩罗什所译，当年姚兴手执经文，与鸠摩罗什相对而坐，一同完成了佛经的翻译。姚兴在长安永贵里倾尽了国库的钱财只为建一座庄严壮阔的浮屠（佛塔）。①然而，姚兴并没有因此延年益寿，在他死后，后秦也随之灭亡。昔日北齐横跨山东，北周占据关西。北周大力抵制佛法专注于修整军队，北齐则供养着大量的僧徒，妄图依靠佛家之力治国。后来两国交战，北齐灭亡，国家都不复存在了，哪还有什么寺院呢？可见所谓修佛之报是多么虚无的东西啊。梁武帝本身为万乘之天子，却沦为三宝之奴，胡太后命六宫宫女落发，②最终非但自己身败名裂，还落得国破家亡的下场。近年来，中宗孝和皇帝派使者去赎买生灵放生，③倾尽国力广造佛寺。太平公主、武三思、悖逆庶人、张夫人（太平公主之乳母）等人皆勤于度人出家、修建佛寺，以至于大街小巷处处可见寺院，但他们最终也无法避免家破身亡的结局，沦为天下人的笑柄。

佛经有言："求长命得长命，求富贵得富贵"，又

---

① 《晋书》卷一一七《姚兴载记》：兴如逍遥园，引诸沙门于澄玄堂听鸠摩罗什演说佛经。罗什通辩夏言，寻览旧经，多有乖谬，不与胡本相应。兴与罗什及沙门僧䂮、僧迁、道树、僧睿、道坦、僧肇、昙顺等八百余人，更出大品，罗什持胡本，兴执旧经，以相考校，其新文异旧者皆会于理义。续出诸经并诸论三百余卷。今之新经皆罗什所译。兴既托意于佛道，公卿已下莫不钦附，沙门自远而至者五千余人。起浮图于永贵里，立波若台于中宫，沙门坐禅者恒有千数。州郡化之，事佛者十室而九矣。
② 梁武帝舍身同泰寺，人所共知。至于胡太后，《魏书》卷一三《宣武灵皇后胡氏传》中有言：及武泰元年，尔朱荣称兵渡河。太后尽召肃宗六宫，皆令入道，太后亦自落发。
③ 《旧唐书》卷一〇一《李乂传》：景龙中，累迁中书舍人，时中宗遣使江南，分道赎生活，以所在官物充直。

言："刀寻段段坏，火坑变成池。"①至今以来，可曾有人因勤于修行佛法而长命百岁、享尽富贵荣华？生前之事尚且容易感知，但都没有应验，更何况死后之事难以考究，又有谁曾目睹他们死后享福呢？

况且五帝之时，父不葬子，兄不哭弟。②说的是人人皆长寿，没有夭折或横死的。三王之时，国运绵长，人民安居乐业。身为人臣的彭祖、老聃之类，皆享遐龄。当时还没有佛教，也就是说那并非抄经、铸造佛像、设斋、施佛的功劳。据《宋书·西域传》记载，有一位名僧撰写了《白黑论》，将道理论述得一清二楚，足以解惑。宜读并践行之。

《白黑论》我将在下文细说。姚崇说无论是人民"其

---

① 佛经的后半部分为《法华经》普门品，即《观音经》。偈曰："假使兴害意，推落大火坑，念彼观音力，火坑变成池……或遭王难苦，临刑欲寿终，念彼观音力，刀寻段段坏。"（T9,57c）前半部分尚未发现有与之一模一样的字句，不过《平等觉经》卷四中有言：佛言，我皆哀若曹及诸天帝王人民，皆教令作诸善，不为众恶，随其所能，辄授与道……莫不改往修来，洒心易行，端正中表，自然作善，所愿辄得，感善降化自然之道，求欲不死则可得长寿，求欲度世则可得泥洹之道。（T12,298a）同样的偈语在《大阿弥陀经》卷下（T12,315c—316a）中也有出现。并且，三浦国雄指出《通俗篇》（三十八卷本）卷十祝诵当中有如下记述：唐书姚崇传引佛经，求长命得长命，求富贵得富贵，泉志，唐中宗出降睿宗女荆山公主，特铸撒帐钱，其形五出，文曰，长命守富贵。
② 《韩诗外传》卷三：传曰，太平之时，无痦、聋、跛、眇、尪蹇，侏儒、折短。父不哭子，兄不哭弟，道无襁负之遗膏。《汉书》卷五八《公孙弘传》：制曰：盖闻上古至治……父不丧子，兄不哭弟……弘对曰：……故形和则无疾，无疾则不夭，故父不丧子，兄不哭弟。

致仁寿、无夭横也"的五帝之时,还是"国祚延长,人用休息"的三王之代,佛法都尚未传来,过度奉佛反而会招致不幸。我想先将此说命名为"事佛得祸说"。赵翼认为,这番事佛得祸说与武德七年(624)傅奕上呈的排佛奏章正是韩愈《论佛骨表》的起源。①辛替否——后面我还会具体介绍这位人物,他在景龙二年(708)的上疏中也说了类似的话,②再往后,北周武帝时期主张废佛的卫元嵩也说"唐虞之化,无浮图以治国,而国得安。齐梁之时,有寺舍以化民,而民不立者未合道也"。(《广弘明集》卷七)所谓事佛得祸说,不过是排佛论中频频出现的典型言论而已。

且看姚崇《遗令》接下来是怎么说的:

---

① 《陔余丛考》卷三四《谏佛骨表有所本》中记载的傅奕的上疏如下:降自牺、农,至于汉、魏,皆无佛法,君明臣忠,祚长年久。汉明帝假托梦想,始立胡神,西域桑门,自传其法。西晋以上,国有严科,不许中国之人,辄行髡发之事。洎于符、石,羌胡乱华,主庸臣佞,政虐祚短,皆由佛教致灾也。梁武、齐襄,足为明镜。且《河南邵氏闻见后录》卷八也引用了傅奕的上疏与韩愈的《论佛骨表》,指出"予谓愈之言,盖广傅奕之言也",而未曾提及姚崇的《遗令》。
② 自像王西下,佛教东传,青螺不入于周前,白马方行于汉后。风流雨散,千帝百王,饰弥盛而国弥空,役弥重而祸弥大。覆车继轨,曾不改途,晋臣以佞佛取讥,梁主以舍身构隙。若以造寺必为其理体,养人不足以经邦,则殷、周已往皆暗乱,汉、魏已降皆圣明;殷、周已往为不长,汉、魏已降为不短。臣闻夏为天子二十余代而殷受之,殷为天子二十余代而周受之,周为天子三十余代而秦受之,自汉已后历代可知也。何者?有道之长,无道之短,岂因其穷金玉、修塔庙,方得久长之祚乎!(《旧唐书》卷一〇一)

· 第四章 佛在于心——从《白黑论》到姚崇的《遗令诫子孙文》·

且佛者觉也,在乎方寸,假有万像之广,不出五蕴之中,但平等慈悲,行善不行恶,则佛道备矣。何必溺于小说,惑于凡僧,仍将喻品,用为实录,抄经写像,破业倾家,乃至施身亦无所吝,可谓大惑也。亦有缘亡人造像,名为追福。方便之教,虽则多端,功德须自发心,旁助宁应获报?递相欺诳,浸成风俗,损耗生人,无益亡者。假有通才达识,亦为时俗所拘。如来普慈,意存利物,损众生之不足,厚豪僧之有余,必不然矣。且死者是常,古来不免,所造经像,何所施为?

夫释迦之本法,为苍生之大弊,汝等各宜警策,正法在心,勿效儿女子曹,终身不悟也。吾亡后必不得为此弊法。

况且,佛是一种觉悟,[①]存于方寸之心当中。世间万象皆不会超出五蕴(色、受、想、行、识)的范围,只要对众生慈悲,多行善不作恶,就算作修得佛道了。何必沉溺于无聊的教义当中,为俗僧所迷惑呢。更没有必要把佛经中的比喻当作实录去理解。有人沉迷于抄佛经、画佛像以至于倾家荡产,甚至为之舍身也在所不惜,实在是糊

---

① 孙绰《喻道论》(《弘明集》卷三):佛者梵语,晋训觉也。觉之为义,悟物之谓,犹孟轲以圣人为先觉。(T52,17a)郗超:《奉法要》(《弘明集》卷一三):佛者,汉音曰觉。(86a)袁宏:《后汉纪》卷十:佛者,汉言觉,将悟群生也。

涂。还有为死者铸造佛像,美其名曰"追福"。诸如此类,用以引导众生的方便之教[①]多种多样。但所谓功德最重要的是要发自内心,借他人之手(旁助)以求善报简直是无稽之谈。

这般诓骗他人之事逐渐形成风俗,损耗生者(的钱财),却对死者毫无益处。即便有通才达识者,也为世俗所拘。如来的慈悲惠及众生,想让万物(众生)受利。而众生本就穷困潦倒,豪僧则富足有余,我佛岂会做让贫者更贫,从而使富者更富的事呢?再者(对生者而言)死是定律,自古以来谁也不能避免。(抄经画像而得来的)经像又有何用呢?况且释迦原本之所以倡导这些教诲是为了解救疲惫的苍生。

汝等宜各自引以为戒,将正法铭记于心。不要效仿那些儿女子辈,否则将终生执迷不悟。切记在我死后绝不可用此类有害之法来超度我。

姚崇的遗令与六朝人遗令全然不同,他对佛教的批判是相当彻底的。但与傅奕不同的是,它并非单纯的排佛论。他主张"正法在心",倡导回归"释迦之本法"。那么,应该到何处寻找"正法"呢?姚崇说,佛之意在于"觉",必须领悟到佛正存于"方寸之心"当中,而不存

[①] 译注:佛教中"方便"指的是佛陀用来引导众生的一切教法。

· 第四章 佛在于心——从《白黑论》到姚崇的《遗令诫子孙文》· |129|

在于其他任何地方。功德最重要的是"自发心",故而抄经、铸像、设斋、施佛等所有外在行为——旁助,除了"损众生之不足,厚豪僧之有余"之外毫无用处,还将违背如来慈悲的精神。佛本应是内在化的,如果将佛外在化,当作仪礼的对象,那便堕落成了"弊法"。这一点我想在下一节中再详细论述。在此我想先指出的一点是,姚崇对佛教的批判其实是他在《遗令》前半部分倡导的薄葬论中不可分割的一环。何出此言?因为姚崇主张所有"旁助"都"损耗生人,无益亡者",而在薄葬论者的厚葬否定论中我们也时常可以看到与之相似的论调。在此举一例,姚崇在《遗令》中引证的东汉赵咨就在遗言中说过:"单家竭财,以相营赴。废事生而营终亡,替所养而为厚葬,岂云圣人制礼之意乎?"在唐代,按佛教仪礼来送葬、祭奠的风俗已经普及,因此在当时,对佛教进行批判从另一方面讲,就是对薄葬论的倡导。通读完姚崇的《遗令》,相信你会更加认同这一点。

若未能全依正道,须顺俗情,从初七至终七,任设七僧斋。若随斋须布施,宜以吾缘身衣物充,不得辄用余财,为无益之枉事,亦不得妄出私物,徇追福之虚谈。

如果不能全部依照正道去操办,必须顺应俗情,那可以从初七到终七(四十九日)为我设七僧斋。如果每逢斋会需要布施,可将我平日里穿的衣物拿给僧人,不可轻易动用其他财物去做无益的蠢事。

更不要滥用私人资财为我追福,这是对自欺欺人的世人的盲从。

从这段文字中可以看出,佛教义理已经深入地渗透进了士大夫的日常生活当中,至少殡葬仪礼已经变成由佛僧来主持了。无可否认,即便是姚崇也有"须顺俗情"的情况。要想了解当时的"俗情"的话,可以参考《金石萃编》卷七三收录的《尉行忠造像记》等资料。《尉行忠造像记》曰:"开元十一年五月五日,尉行忠妻为亡男设七斋,敬造浮图一塔,又修故像一区,合家一心供养佛时。"我认为写得最好的姚崇《遗令》的脚注,可以追溯到李翱的《去佛斋论》一文。李翱在《去佛斋论》的序言中说:"故温县令杨垂为京兆府参军时,奉叔父司徒命,撰集《丧仪》。其一篇云《七七斋》,以其日送卒者衣服于佛寺,以申追福。翱以杨氏《丧仪》,其他皆有所出,多可行者,独此一事伤礼,故论而去之,将存其余云",并在下文中论述了"夷狄之术"盛行中华导致古代圣人制定的礼法被破坏,大多被"戎礼"所替的现象。

吉凶之礼谬乱,其不尽为戎礼也无几矣!且杨氏之述《丧仪》,岂不以礼法迁坏,衣冠士大夫与庶人委巷无

· 第四章 佛在于心——从《白黑论》到姚崇的《遗令诫子孙文》·

别,为是而欲纠之以礼者耶?是宜合于礼者存诸,怨于礼者辨而去之,安得专已心而言也?苟惧时俗之怒已耶,则杨氏之仪,据于古而拂于俗者多矣。置而勿言,则犹可也,既论之而书以为仪,舍圣人之道,则祸流于将来也无穷矣。

姚崇在《遗令》的最后提到当时的道士也和佛僧一样,染上了不良的风俗,并以此结束全文:

道士者,本以玄牝为宗,初无趋竞之教,而无识者慕僧家之有利,约佛教而为业。敬寻老君之说,亦无过斋之文,抑同僧例,失之弥远。汝等勿拘鄙俗,辄屈于家。汝等身没之后,亦教子孙依吾此法云。

道士原本以玄牝的无为之说为宗,并没有与人攀比争先的教义。但一些没有见识的人羡慕僧人有利可图,以效仿佛教为己业。[①]我仔细翻阅老君之说追本溯源,发现并没有什么反复举行斋会的相关记录。这可以说是胡作非

---

① "玄牝"出自《道德经》第六章中的"谷神不死,是谓玄牝,玄牝之门,是谓天地根,绵绵若存,用之不勤"。此外,《困学纪闻》卷二〇《杂识》中有如下议论:"傅奕排释氏,谓中国幻夫模象,庄、老,以文饰之。"宋景文(宋祁)作《李蔚传赞》亦云:"华人之谲诞者,又攘庄周、列御寇之说佐其高。"然则释氏用老、庄之说也,非老、庄与释氏合也。朱文公(朱熹)谓:"佛家窃老子好处,道家窃佛家不好处。"愚尝观姚崇《诫子孙》曰:"道士本以玄牝为宗,而无识者慕僧家之有利,约佛

为，或者说与那些僧人的做法并无二致，都荒谬至极。汝等切记不要为鄙俗所束缚，请道士到家里来。汝等死后也要叫子孙遵循我的做法。

五、武韦时代造寺造像之风及其批判者们

我在上一节阐明了姚崇《遗令》的整体结构，接下来，我将对其中提及佛教的部分，特别是对本节引用姚崇《遗令》的前两部分引文内容进一步展开论述。首先我想指出一个事实，姚崇《遗令》所体现的对抄经、铸像、设斋、施佛乃至度人、造寺等的强烈的否定态度，与开元初期的宗教政策，尤其是佛教政策的方向是一致的。

（一）开元二年（714）正月，检括[①]天下的僧尼，命伪滥僧——私度僧还俗。[②]

（二）同年二月，下令"自今所在毋得创建佛寺，旧

教而为业。"斯言当矣。致堂（胡寅）谓："经论科仪依仿佛氏而不及者，自杜光庭为之。"考诸姚崇之言，则非始于光庭也。

傅奕和朱熹之言可参考前文提及的笔者的拙稿《中国的排佛论的形成》。李蔚传赞源自《新唐书》卷一八一。胡寅之言引自《文献通考》卷二二五《经籍考五十二》。

① 译注："检括"意为查察、清查。
② 见《旧唐书》卷八，《资治通鉴》卷二一一，《唐会要》卷四七《议释教上》，《册府元龟》卷一五九。

寺颓坏应葺者,诣有司陈牒检视,然后听之"。①

(三)同年闰三月,颁布《令道士女冠僧尼拜父母敕》,下令"自今以后,道士女冠僧尼等,并令拜父母,至于丧纪轻重、及尊属礼数,一准常仪。庶能正此颓弊,用明典则"。②

(四)同年七月,颁布《禁百官与僧道往还制》,提出"如闻百官家,多以僧尼道士等为门徒往还。妻子等无所避忌,或诡托禅观,祸福妄陈,事涉左道。深敷大猷。自今已后,百官家不得辄容僧尼等至家。缘吉凶要须斋者,皆依州县陈牒,牒寺观后依数听去"。③

(五)同年同月,颁布《禁坊市铸佛写经诏》,提出"佛教者在于清净,存乎利益。今两京城内,寺宇相望,凡欲归依,足申礼敬。如闻坊巷之内,开铺写经,公然铸佛。自今已后,村坊街市等,不得辄更铸佛写经为业。须瞻仰尊容者,任就寺礼拜;须经典读诵者,勒于寺赎取;如经本少,僧为写供。诸州寺观,亦宜准此"。④

---

① 引自《资治通鉴》卷二一一。《唐会要》卷四九《杂录》亦有记载,敕令的标题引用自《全唐文》。下同。
② 引自《唐会要》卷四七《议释教上》。《旧唐书·本纪》、《唐大诏令集》卷一一三亦有记载。
③ 引自《唐会要》卷四九《杂录》。《资治通鉴》卷二一一、《册府元龟》卷一五九亦有记载。
④ 引自《唐会要》卷四九《杂录》。《资治通鉴》卷二一一、《唐大诏令集》卷一一三、《册府元龟》卷一五九亦有记载。另外,(一)到(五)可参考砺波护《唐代僧尼拜君亲的厉行和撤销》,《东洋史研究》第40卷第2号。

尤其是（二）禁止创建佛寺、（四）限制设斋、（五）禁止村坊街市开铺以铸佛写经为业，无一不让人想起姚崇的《遗令》。实际上，开元二年颁布的这些敕令与厚葬禁令一样，确实都与当朝宰相姚崇有着密切的关联。如前文所述，前一年十月，担任同州刺史的姚崇被提拔为知政事，他将自己的抱负总结为十条，并追问玄宗能否贯彻到底，这十条便是"十事要说"。其中，第七条云："太后（则天武后）造福先寺，中宗造圣善寺，上皇造金仙、玉真观，皆费钜百万，耗蠹生灵；凡寺观宫殿，臣请止绝建造，可乎？"[1]姚崇将整饬宗教的政策也列入十条抱负之中，当作就任宰相的先决条件。

接下来我将一一对照上述各条敕令来展开论述。开元二年正月颁布的（一）"伪滥僧检括令"毫无疑问正是基于姚崇上奏的内容来起草的。最终被下令还俗的僧尼一

---

[1] 引自《资治通鉴考异》"世传生平原以为吴兢所撰云"后引用的内容。据《唐会要》卷四八《寺》的记载，福先寺位于东都游艺坊。武后之母杨氏的故居于上元二年（675）被改为太原寺，后改为魏国寺。天授二年（691），又改为福先寺，是为杨氏追福所建。圣善寺位于章善坊，中宗为了为武后追福，将建于神龙元年（705）二月的中兴寺改名为圣善寺，寺内造有报慈阁。许景先的《大像阁赋》所赋的正是此阁（《旧唐书》卷一九〇）。后来景龙四年（710）正月，为了扩张僧房让数十家百姓腾出了房子。虽然监察御史宋务光曾上疏劝谏，但未被接纳。此外，金仙、玉真两观是为纪念睿宗之女，金仙、玉真二公主入道，于景云二年（711）建成的道观。魏知古（《旧唐书》卷九八），裴漼（《旧唐书》卷一〇〇），李乂（《旧唐书》卷一〇一）、韦凑（同上）、辛替否（同上）分别提出停止营建寺庙的谏言。其中，辛替否曰："伏惟陛下爱两女，为造两观，烧瓦运木，载土填坑，道路流言，皆云计用钱百余万贯。"

·第四章 佛在于心——从《白黑论》到姚崇的《遗令诫子孙文》·

说多达一万二千余人,一说二万人,一说三万人。且看姚崇在上奏时是如何说明伪滥僧的:"先是,中宗时,公主外戚皆奏请度人为僧尼,亦有出私财造寺者,富户强丁,皆经营避役,远近充满。至是,崇奏曰……"(《旧唐书·姚崇传》)也就是说,富户强丁买僧尼籍,是为了躲避徭役,并非为了修行佛道。705年,中宗复辟以后,僧尼问题与斜封官——滥官一样,都演变成了一大社会问题。[①]比如,袁楚客曾寄书简予尚书右仆射知兵部尚书魏元忠,细数朝廷"十失"。其中第三条云:"今度人既多,缁衣半道,不本行业,专以重宝附权门,皆有定直。昔之卖官,钱入公府,今之卖度,钱入私家。以兹入道,徒为游食。"(《新唐书》卷一二二)负责卖度牒的"权门""私家"指的是韦后之女安氏、贺娄氏、女巫第五英儿、陇西夫人赵氏等人,都是后妃、公主、外戚或者与之牵连的女性。"定直"一人三万钱,[②]据说在这种风气之下私度僧的总数曾多达数十万人。[③]原本《唐律》的户婚律中规定"诸私入道及度之者,杖一百",非官度

[①] 参考谷川道雄《关于武后末年至玄宗朝初年的政治斗争——唐代贵族制研究的一个视角》,《东洋史研究》第14卷第4号。
[②] 参考《资治通鉴》卷二〇九《景龙二年》。关于陇西夫人赵氏,《旧唐书》卷五一《中宗韦庶人传》曰:"又引女巫赵氏出入禁中,封为陇西夫人。"
[③] 参考《旧唐书》卷一〇一《辛替否传》、《新唐书》卷一二三《李峤传》。

的私度僧可以说是对律令体制的一种挑战。而姚崇上奏正是为了解决私度僧的问题,且看姚崇在奏折中是如何论述的:

> 佛不在外,求之于心。佛图澄最贤,无益于全赵;罗什多艺,不救于亡秦。何充、符融①,皆遭败灭;齐襄、梁武,未免灾殃。但发心慈悲,行事利益,使苍生安乐,即是佛身。何用妄度奸人,令坏正法?(《旧唐书·姚崇传》)

相信读到此处,你定能感受到这则奏章与姚崇《遗令》所体现的精神是共通的。无论是事佛得祸说,还是上面引文的部分,尤其是"佛不在外,求之于心"一句更能让人体会到这一点。开元二年七月颁布的《禁坊市铸佛写经诏》中说"佛教者在于清净,存乎利益"。《册府元龟》当中引用的文章也批判那些企图靠铸佛写经谋功德的人"不知佛非在外,法本居心"。类似"佛不在外,求之于心""佛者觉也,在乎方寸"的言论甚至已经成了当时的一大流行口号。私度僧还俗问题正是反对既往佛教形态的士大夫们提出来的一个反命题。

如姚崇在《遗令》中所言:"近日,孝和皇帝(中

---

① 符融指的是前秦的符坚的弟弟,或为笀融之误。

· 第四章　佛在于心——从《白黑论》到姚崇的《遗令诫子孙文》·

宗）发使赎生，倾国造寺，太平公主、武三思、悖逆庶人（章后）、张夫人等皆度人造寺，竟术弥街"，中宗—韦后时代盛行造寺之风。但这一现象并非只有韦后时代才有。在那之前的则天武后时代也"铸浮屠，立庙塔，役无虚岁"（《新唐书》卷一二五《苏瓌传》），举国上下大力建寺造像，广为后世所知。[①]笔者认为，开元初期的一系列佛教政策、以及受到这些政策的深刻影响而写成的姚崇《遗令》，是出自对武韦时代异常的建寺造像之风的反省。即便是姚崇，他在《遗令》中那般强烈地否定为死者追福而造像的功德，却也留有《造像记》，且详细记录了造像的纪年："长安三年九月十五日银青光禄大夫行凤阁侍郎兼检校相王府长史姚元之（崇）造"，[②]更让人觉得这是出自姚崇的自我反省。长安三年（703）是武后统治的末期，自圣历元年（698）十月姚崇被提拔同为凤阁鸾台平章事之后，几乎在武后统治的整个时期，姚崇都一直

---

① 参考矢吹庆辉《三阶教之研究》附篇《大云经与武周革命》，岩波书店冲印，1973；陈寅恪：《武曌与佛教》，《金明馆丛稿二编》，上海古籍出版社，1980。
② 切（阙八字）彰昊天之恩罔（阙三字）施渥牛涔效浅。每以弄乌勤侍，恩反哺而驰魄；记凤凌虚，愿衔书而走魄。闻夫践宝田之界，登寿域于三明；扬慧炬之晖，警迷涂于六暗。爰凭圣福，上洎君亲，悬佛镜而朗尧曦，流乳津而沾血属。下该妙有，旁括太无，并悟真诠，咸升觉道。铭曰：地踊珍塔，天飞圣仪。丹楹日泛，锦石莲披。酌慧难测，资生不疲。长寨欲网，永庇禅枝。（《金石萃编》卷六五）使用了则天文字的部分已经过修改。

担任知政事一职。他受尽武后的恩宠,也不曾发现他有任何批判武后的言论。①但是,我们不能忽略了在武韦时代的全盛期,已经有不少人要求终止建寺造像这一事实。而且必须注意到,这些人的论调与姚崇有关私度僧还俗的奏章及其《遗令》有很多地方是一致的。比如,他们当时就已提出了佛存于心的主张。

久视元年(700),武后想在洛阳城北的白司马坂建造浮屠大像,为了补足官费,下令天下僧尼每日上交一钱。当时内史狄仁杰(630—700)上奏反对此事。②在奏章开篇说道:"臣闻为政之本,必先人事。陛下矜群生迷谬,溺丧无归,欲令像教兼行,睹相生善。"此言一针见血地指出了武后时代的佛教问题,也就是在唐王朝的助长之下形成的、异乎寻常的建寺造像之风。狄仁杰接着说,今日的伽蓝比官阙更加美轮美奂。然而"工不使鬼,止在役人,物不天来,终须地出",除了"损百姓"之外别无

---

① 参考《新唐书》和《旧唐书》的《姚崇传》。久视元年(700)姚崇曾服侍武后到嵩山游玩,与诸臣应制赋诗。可参考《金石萃编》卷六四《夏日游石淙诗并序》。值得注意的是姚崇在《遗令》中表面上并没有批判武后。能体现武后时代姚崇与佛教的关系的,除了前文的《造像记》之外,还有以下史料:是时张易之请移京城大德僧十人配定州私置寺,僧等苦诉,元之(姚崇)断停,易之屡以为言,元之终不纳。由是为易之所潜。(《旧唐书·姚崇传》)可见姚崇极力反对"私置寺"一事。
② 以下引用的狄仁杰、张廷珪、李峤的上疏系年依照的是松本文三郎《则天武后的白司马坂大像》(《佛教史杂考》,创元社,1944)中的记述。

· 第四章 佛在于心——从《白黑论》到姚崇的《遗令诫子孙文》· 139

他法,因此佛僧们想尽千方百计损耗民资。"游僧一说,矫陈祸福,剪发解衣,仍惭其少。亦有离间骨肉,事均路人,身自纳妻,谓无彼我。皆托佛法,诖误生人。里陌动有经坊,阛阓亦立精舍。化诱倍急,切于官征;法事所须,严于制敕。膏腴美业,倍取其多;水碾庄园,数亦非少。"但无限的施舍并不会带来任何利益,梁武帝、简文帝父子的末路就是最好的证明。如来的教诲原本并非如此,"如来设教,以慈悲为主,下济群品,应是本心,岂欲劳人,以存虚饰"?① 狄仁杰极力主张回归如来"以慈悲济群品"的本法,至少他希望通过自己的主张来给建寺造像之风浇一泼冷水。顺带一提,狄仁杰在世时竭力"举贤",而姚崇正是他引荐的后辈之一。②

久视元年武后建造浮屠大像的计划就此搁浅,但狄仁杰死后次年,即长安元年(701),武后便打算重启建寺工程。时任监察御史张廷珪为劝武后终止建寺工程而上疏的奏章《谏白司马坂营大像表》中,有不少与姚崇的奏章和《遗令》相似的观点,叙述主旨也有诸多共通之处。尤其,"'佛像'象征着'诸相',住于'诸相'之中③,偏离了我佛原本的教诲","所谓真如的觉悟不应向外寻

---

① 引自《旧唐书》卷八九《狄仁杰传》。《唐会要》卷四九亦有记载。
② 《旧唐书》卷八九《狄仁杰传》曰:仁杰常以举贤为意,其所引拔桓彦范、敬晖、窦怀贞、姚崇等,至公卿者数十人。
③ 译注:"住相"是一个佛教术语,意思是执着于外相、虚相或个体意识而偏离了本质。

求，问题在于内心"等论述尤其值得瞩目。张廷珪说："夫佛者，以觉知为义，因心而成，不可以诸相见也"，不得不令人想起姚崇说的"佛者觉也，在乎方寸""佛不在外，求之于心"。张廷珪为了佐证自己的论述，还引用了冗长的《金刚般若经》——"若以色见我，以音声求我，是人行邪道，不能见如来"。①说的是，真如之果是无法向外界求来的。

"住于相而行布施"②并非最上层的"第一希有之法"。③此言何解呢？因为《金刚般若经》云："若人满三千大千世界，七宝以用布施，及恒河沙等，身命布施，其福甚多。若人于此经中受持及四句偈等为人演说，其福胜彼。"④虽然陛下——武后信心归依，发弘誓愿，但这些不是正违背了佛所说的吗？"陛下倾四海之财，殚万人之力，穷山之木以为塔，极冶之金以为像，虽劳则甚矣，费则多矣，而所获福不愈于一禅房之匹夫。菩萨作福德，不应贪著，盖有为之法不足高也"，如此住相贪著的"有

---

① 接近《金刚般若经》结尾的偈语。（T8,752a）
② 须菩提，若菩萨心，住于法而行布施，如人入暗，即无所见。若菩萨心，不住法而行布施，如人有目，日光明照，见种种色。（750b—c）
③ 其有众生，得闻是经。信解受持，是人则为第一希有。（750b）
④ 若人满三千大千世界七宝，以用布施，是人所得福德，宁为多不……若复有人，于此经中受持，乃至四句偈等，为他人说，其福胜彼。（749b）若有人以满无量阿僧祇世界七宝持用布施，若有善男子、善女人发菩提心者，持于此经，乃至四句偈等，受持、读诵、为人演说，其福胜彼。（752b）

为之法"不仅是错误的，而且营建佛像碾压巨亿虫蚁，违背了"愍蠢动而不忍害其生"的"坐夏之义"；让贫篓的工匠从事苦役，违背了"愍畜兽而不忍残其力"的"徒行之义"；为营建佛像征收赋税而逼迫州县的编民①，违背了"愍愚蒙而不忍夺其产"的"随喜之义"。②张廷珪接着依据《金刚般若经》说道："伏惟陛下慎之重之，思菩萨之行为利益一切众生，应如是布施，则其福德若南西北方四维上下虚空不可思量矣。③何必勤于住相，凋苍生之业，崇不急之务乎！臣以时政论之，则宜先边境，蓄府库，养人力；臣以释教论之，则宜救苦厄，灭诸相，崇无为"，认为这才是"行佛之意"，并以此收尾。④

虽然长安元年武后暂且放弃了建造白司马坂大像一事，但到了长安四年又死灰复燃。当时也宣布了要向天下僧尼醵金，但仅凭天下僧尼并不能筹集到铸造大佛所需的巨额费用。时任宰相之一的李峤谏止武后，若无州县"祗承"，换言之，若不向编民"科率"⑤，是不可能实现的。李峤在奏章中极力主张回归我佛、回归菩萨原本的教

---

① 译注："编民"指编入户籍的平民。
② "徒行"和"坐夏""随喜"一样都是佛教术语，具体不详。其意如《论语·先进》中的"吾不徒行，以为之椁"所言，应为徒步之意。
③ 须菩提，南西北方四维上下虚空，可思量不？不也世尊。须菩提，菩萨无住相布施福德，福德亦复如是，不可思量。（749a）
④ 参考《旧唐书》卷一〇一《张廷珪传》。
⑤ 译注："科率"指官府于民间定额征购物资。

诲，"法王慈敏（愍），菩萨护持，唯拟饶益众生，非要营修土木"。将现有的造像资金十七万余贯散发给穷困的人民，才是"顺诸佛慈悲之心""功德无穷"。①

武后时代有狄仁杰、张廷珪、李峤等人对建寺造像提出批判，到了中宗时代乃至睿宗时代，批判之声也未曾断绝。比如《资治通鉴》卷二〇九中宗景龙二年（708）七月甲午一条收录的清源县尉吕元泰的上疏中写道，古时黄帝、尧、舜、禹、汤、文、武重视俭约仁义，而晋宋以后塔庙竞起，丧乱相继，也就是事佛得祸说。吕元泰接着说："伏愿回营造之资，充疆场之费，使烽燧永息，群生富庶，则如来慈悲之施，平等之心，孰过于此！"

这份吕元泰的上疏还被收录在《唐会要》卷四八《寺》景龙二年九月一条中，两篇文章有不少出入。值得注意的是，《唐会要》记载的上疏中和张廷珪一样，都引用了《金刚般若经》的偈语"若以色见我……"，吕元泰还说："是知大乘之宗，声色不见。岂释迦之意，在雕琢之功。今之作者，臣所未喻。"不过，如果要说与姚崇的关联性孰强孰弱，有一位人物的上疏比起张廷珪有过之而无不及。那人便是生于吕元泰之后的左拾遗辛替否。②辛

---

① 参考《旧唐书》卷九四《李峤传》。
② 可参考《旧唐书》卷一〇一。《通鉴》记载的是景龙二年（708）七月，《唐会要》卷四八《寺》记载的是景云二年（711）七月，但下文紧接着又记载了景龙二年九月吕元泰德上疏，因此"云"应为"龙"之误。

· 第四章 佛在于心——从《白黑论》到姚崇的《遗令诫子孙文》·

替否也效仿他们,指出释教的根本教义在于清净、慈悲、济物,提出了第126注释②的事佛得祸说,并引用《金刚般若经》的"菩萨心住于法而行布施,如人入暗,即无所见","一切有为法,如梦幻泡影,如露亦如电"来证明建寺造佛的虚妄性。①

他们频繁引用的《金刚经》,被称为唐代最广为传颂的佛经。铃木大拙认为,在敦煌发现的经书当中,最多的便是《金刚经》的誊抄本。②特别是开元时代之后,《金刚经》更为流行。在此要提请大家注意的是,早在咸亨三年(672)就有了王知敬书《金刚经》。③这么看的话,虽然唐王朝为了"赌相生善"而沉迷于建寺造像,但王朝本身受持④的佛教经典实际上在否定有为之法、倡导住相布施方面非常激进。批判者们以《金刚经》为武器,尖锐地抨击了此中的矛盾。

景龙三年(709)正月二十七日,中宗在梨园设宴,问侍臣亲信们时政的得失。绛州刺史成珪如是说:"夫

---

① 第一句见第141页注③。第二句偈语引自752b。辛替否在睿宗时代升为左辅阙,当时也有批判时政的上疏,其中一节如下:伏以太宗文武圣皇帝……不多造寺观,而福德自至,不多度僧尼,而殃咎自灭……中宗孝和皇帝……造寺不止,枉费财者数百亿;度人不休,免租庸者数十万……享国不永,受终于凶妇人。寺舍不能保其身,僧尼不能护妻子,取讥万代,见笑四夷。
② 《金刚经之禅》,《全集》第五卷,岩波书店,1968。
③ 《金石萃编》卷五八、《八琼室金石补正》卷三七。
④ 译注:"受持"为佛教语。意为领受在心,持久不忘。

释教之设，以慈悲为主，盖欲饶益万姓，济牧群生。若乃遂宇珍台，层轩宝塔，耗竭府库，劳役生人，惧非菩萨善利之心，或异如来大悲之旨。"①当时，兵部尚书同中书门下三品的韦嗣立也指出："玄旨秘妙，归于空寂，苟非修心，定慧诸法皆涉有为"，因此他否定"土木雕刻"之功，还批判营造塔寺而杀伤蛰虫有违慈悲之心，并指出了世俗众僧认为"广树福田"能"增修法教"的错误。②

论述至此，我想有一点已经非常明确了——姚崇的奏章及《遗令》与武韦时代建寺造像之风的批判者们的论调是一致的，并且前者基本上继承了后者的思想，甚至说是后者的翻版也不为过。再到后来，懿宗咸通年间，为了劝谏奉佛过甚的天子，尚书右丞李蔚上疏云："臣略采本朝名臣启奏之言，以证奉佛初终之要。"（《旧唐书》卷一七八）其中李蔚引用的名臣"切当之言"包括狄仁杰、姚崇的奏章以及辛替否的两次上疏，我相信李蔚一定不是随便引用的。虽然李蔚将姚崇的奏章错当作是中宗时代的产物，但考虑到这些论调具有一定的共通性和反复性，也不能怪李蔚疏忽。总之，武韦时代的建寺造像之风的批判

---

① 出自《唐会要》卷四八《寺》。
② 参考《旧唐书》卷八八《韦嗣立传》、《唐会要》卷四八《寺》。除了上述列举的史料之外，笔者还参考了景云元年（710）及二年，"谏议大夫宁原悌"为反对睿宗营建金仙、玉真两观而上奏的谏言。见《唐会要》卷五〇《观》、《资治通鉴》卷二一〇《景云元年》十二月癸未一条。

者们的论调与姚崇的奏章、《遗令》之间共有的特征可以总结为以下三点：

（一）想通过建寺造像乃至抄经铸像、设斋施佛等追求功德利益，是住相布施的有为之法，如此是无法像如来那般大彻大悟的。佛之义在于觉，佛不在心外。

（二）为营造佛寺践踏虫蚁的生命、使役生民，夸耀伽蓝之宏伟的做法，违背了我佛原本慈悲、济物、清净的教义。

（三）事佛得祸说。

其中最为重要的是论点（一）和（二）。事佛得祸说确实威力够强，但它始终不过是一种辩解，随时可以举出许多反证来驳倒这一论点。[1]而论点（一）和论点（二）则指出了佛教原本的教义——佛的"正法""释迦之本法"，主张佛始终都是内在化的，佛从来就不是仪礼的对象，要回归佛教的原点。正是这种激进主义给予了对方一记重击。姚崇引用《白黑论》想必也是因为，它是佛教内部（而非外部）人员批判佛教的一篇先驱性论文。武韦时代涌现了诸多批判建寺造像之风的士大夫，或许可以说，后人之所以没有将姚崇仅仅当作是他们的效仿者，正是因为他挖掘出了当时鲜有人知的《白黑论》的意义吧。

---

[1] 比如，释明概《决对傅奕废佛法僧事》（《广弘明集》卷一二）第六：决破帝王无佛则大治年长、有佛则虐政祚短。（T52,173a—b）

六、《白黑论》

宋代冶城寺的沙门①——释慧琳撰写的《白黑论》被收录在《宋书》卷九七《夷蛮、天竺迦毗黎国传》当中。②《白黑论》是以中国圣人的信奉者白学先生与释氏之徒黑学道士的对话的形式呈现的,因此通称"白黑论"。实际上,它还有一个与书中的内容更加吻合的名字,叫"均善论"。白学先生认为"中国圣人,经纶百世,其德弘矣,智周万变,天人之理尽矣。道无隐旨,教罔遗筌",黑学道士则劝戒他,中国圣人"不照幽冥之途,弗及来生之化。虽尚虚心,未能虚事,不逮西域(佛)之深也"。白学先生接着质问黑学道士,何以说"不逮西域(佛)之深也",两人之间的议论就此展开。但在议论过程中黑学道士渐渐地被拉向白学先生的阵营,直到最后为之折服。这就是《白黑论》的概要,不用说,白学先生身上自然投射着释慧琳的影子。

这篇创作于宋文帝元嘉十年(433)前后的文章,因为批判佛教,再加上作者是佛教中人,而非其他佛门之外的泛泛之辈,因而激起了那班因循守旧的"旧僧"的愤

---

① 译注:"沙门"是出家的佛教徒的总称。
② 有关《白黑论》的内容参考了汤用彤《汉魏两晋南北朝佛教史》,第十三章《佛教之南统》,中华书局,1955;中西久味:《关于宗炳〈明佛论〉——神不灭论形成的侧面》,《中国思想史研究》第2号。

· 第四章 佛在于心——从《白黑论》到姚崇的《遗令诫子孙文》· |147|

懑,导致慧琳险些遭受波罗夷之罪——被逐出僧团。幸而《白黑论》受到文帝的赏识,慧琳才时常被召至宫中,文帝甚至允许其"升独榻"①。还有一人被《白黑论》深深打动,此人便是何承天。"儒史百家,莫不该览"的何承天,是一位礼学家,著有《礼论》,可以说他的思想基础正是中国的传统学术。②何承天读完《白黑论》,内心深受震撼,他将《白黑论》寄给宗炳,并附上如下文章:"冶城慧琳道人作《白黑论》,乃为众僧所排摈,赖蒙值明主善救,得免波罗夷耳。既作比丘,乃不应明此,白徒亦何为不言。足下试寻二家,谁为长者,吾甚昧然,望有以佳悟。"(T52,18a)众所周知,宗炳跟随庐山的慧远大师学习,是一名虔诚的居士。收到何承天的书信后,宗炳便与何承天围绕着《白黑论》,开始了往返数次的书信辩论。辩论的过程被收录在《弘明集》卷三(T52,17c以下)当中。

既然姚崇试图在《白黑论》中找到可以用来否定抄经铸像、设斋施佛的思路,那我们也尝试着站在这一视角来解析《白黑论》,我们首先留意到的是《白黑论》中一段有关天堂与地狱的议论。黑学道士说,周孔之教只停留在一世——现世的层面,来世或者"视听"——能感知到的

---

① 译注:"独榻"意为一人坐的小榻,与"连榻"相对。
② 可参考笔者的拙稿《中土边土的论争》,《六朝精神史研究》,同朋舍,1964。

世界以外的事物则没能涉及,而释迦则不同。黑学道士接着说:

> 叙地狱则民惧其罪,敷天堂则物欢其福。指泥洹以长归,乘法身以遐览。神变无不周,灵泽靡不覃。

白学先生反驳道:

> 且要天堂以就善,曷若服义而蹈道,惧地狱以敕身,孰与从理以端心。礼拜以求免罪,不由祗肃之意。施一以徼百倍,弗乘无吝之情。美泥洹之乐,生耽逸之虑。赞法身之妙,肇好奇之心,近欲未弭,远利又兴,虽言菩萨无欲,群生固以有欲矣。甫救交敝之氓,永开利竞之俗。澄神反道,其可得乎。(a)

白学先生是这么辩驳的:他说,将天堂视为人应该追求的对象,而将地狱视为应该惧怕的对象,正是这种心理导致世人争先去礼拜,趋于外在形式,以一倍的布施期求百倍的回报,[1]开启了"利竞之俗"的恶风。白学先生还

---

[1] "施一以邀百倍"应是从孙绰的《喻道论》中,论及善行的善报时所说的"斯一获万"(T52,16c)一句获得的启示。但《喻道论》此言是表示肯定,立场是完全颠倒的。另外,傅奕在武德七年的上疏中有言,"凡百黎庶,通识者稀。不察根源,信其矫诈,乃追既往之罪,虚规将来之福。布施一钱,希万倍之报;持斋一日,冀百日之粮",引用的是《白黑论》的系谱。

反对赞美或追求泥洹、法身等外在事物。他认为重要的是"服义而蹈道""从理以端心""澄神反道"。最关键的是心，是神。由此我们不难看出，有一个环将否定礼拜、布施，主张"佛不在外，求之于心"的姚崇和慧琳串联了起来。然而，执着于天堂地狱说的黑学道士听完白学先生的主张后，答曰："不然。"

黑曰："不然。若不示以来生之欲，何以权其当生之滞。物情不能顿至，故积渐以诱之。夺此俄顷，要彼无穷。"

其中"顿至""积渐"二词尤其耐人寻味，因为它反映了当时佛教圈兴起的有关"顿悟、渐悟"的争论。如《高僧传》卷七《竺道生传》所言："校阅真俗，研思因果，乃言善不受报，顿悟成佛。"（T50,366c）与慧琳接近同一时代的道生主张，不可期待世间的善行能得到善报，成佛不能靠渐悟，只能靠非阶梯式的顿悟。并且，更为激进的"一阐提皆得成佛"说也是道生提出来的。"善不受报"说起源于"般若实相义"，"皆悉成佛"说起源于"涅槃佛性义"，汤用彤氏指出，道生的大顿悟说不同于以往的小顿悟说，正是此二义契合的结果。[①]不过，在

---

① 参考了前述汤氏著书的第十六章《竺道生》。

道生心中，这一连串的理论原本就是紧密地联系在一起的吧。很多人都知道谢灵运在《辨宗论》(《广弘明集》卷一八，T52,224c以下）中将道生的顿悟说称为"新论道士之说"，我相信这《白黑论》也是受到道生的影响而写成的。道生的天赋还未被世间认同，便于元嘉十一年十月庚子离开了人世，而他的诔文正是由慧琳执笔的，这也证明了道生与慧琳二人的关联。[①]另外，不要忘了，谢灵运的《辨宗论》[②]掀起了有关顿渐悟的论争，而慧琳也加入了这场论争当中。

虽然慧琳曾批判过《辨宗论》，[③]但那也只是针对一些疑问提出质疑，并没有全盘否定对方的观点。甚至可以说，在论争的过程中，慧琳加深了对顿悟说的理解，再以一种较为通俗的形式将这种理解呈现在《白黑论》当中。

"顿渐之争"正如胡适所说"是一切宗教的生死关头"，顿悟说的出现使得"一切仪式、礼拜、忏悔、念经、念佛，以及寺观佛像、僧侣、戒律都成废物"。[④]只要站在顿悟——否定一切外在形式的立场上，就不得不求

[①] 《龙光寺竺道生法师诔》，《广弘明集》卷二三。（T52,265—266b）

[②] 永初三年（422）七月到次年景平元年（423）秋天之间。见本页第一条注释。

[③] 见《广弘明集》卷一八。（T52,226b以下）

[④] 《菏泽大师神会传》，《神会和尚遗集》，胡适纪念馆新印所收，1968。

佛于心。我们还可以看到，道生在《维摩经》的注释中说"衣食供养本以施功致福。非求理之法。据此正可生人天之中。终不得成佛也"（《法供养品》，T38,424b—c），他在否定财供养、鼓励法供养的同时，还主张"然则丈六与八尺，皆是众生心水中佛也。佛常无形，岂有二哉"（《方便品》，343a），"佛理常在其心，念之便至矣"（《观众生品》，389a）。谢灵运也时常强调"因心"。① 黑学道士"夺此俄顷，要彼无穷"此言指出了，渐悟说将泥洹对象化、外化，认为此岸是为到达彼岸的过程和手段，陷入了否定现实的立场当中。但顿悟说则不同，正如道生在《维摩经》注中所说，"若必以泥洹为贵而欲取之，即复为泥洹所缚。若不断烦恼即是入泥洹者，是则不见泥洹异于烦恼，则无缚矣"（《弟子品》，T38,345b），"夫大乘之悟，本不近舍生死远更他求之也。斯为在生死事中，即用其实为悟矣。苟在其事，而变其实为悟始者，岂非佛之萌芽起于生死事哉"。（《佛道品》，392a）不得不说，顿悟说正是立足于肯定现实的立场上的。

重新回到《白黑论》，让我们来看看白学先生是如何驳倒黑学道士的"积渐"之义的。

---

① 参考福永光司的《谢灵运的思想》，《东方宗教》第13、14合并号。

白曰："异哉！何所务之乖也。道在无欲，而以有欲要之。……所谓积渐者，日损[①]之谓也。当先遗其所轻，然后忘其所重。使利欲日去，淳白自生耳。岂得以少要多，以粗易妙，俯仰之间，非利不动，利之所荡，其有极哉。"（b）"……结师党之势，苦节以要厉精之誉，护法以展陵竞之情。悲矣。夫道其安寄乎。是以周、孔敦俗，弗关视听之外，老、庄陶风，谨守性分而已。"（c）

黑学道士反驳道，白学先生对佛教的批判不仅是佛教的问题，而是内外两教都具有的"圣迹之敝"。白学先生一语驳倒之："今所惜在作法于贪，遂以成俗，不正其敝，反以为高耳。"那之后的议论就成了黑问白答的形式。最后，黑学道士再次质问道，周孔难道不是仅停留在现世问题（事尽于生）的层面上吗？白学先生答曰：

幽冥之理，固不极于人事矣。周、孔疑而不辨，释迦辨而不实。将宜废其显晦之迹，存其所要之旨。请尝言之，夫道之以仁义者，服理以从化，帅之以劝戒者，循利而迁善。故甘辞兴于有欲，而灭于悟理。淡说行于天解，而息于贪伪。是以示来生者，蔽亏于道、释不得已。杜幽暗者，冥符于姬、孔闭其兑。由斯论之（来世——幽

[①] "日损"出自《老子》第四十八章：为道日损，损之又损，以至于无为，无为而无不为。

暗），言之者未必远，知之者未必得，不知者未必失。

来世的"幽冥之理"是人事无法把握的。如果要用语言去诠释，那便全成了谎言。因此，如果言及来世的幽冥之理，那便是"循利而迁善"的劝戒，是"兴于有欲，而灭于悟理"的甘辞，也就是"不得已"的劝教之说。唯一能够断言的只有——

但知六度与五教并行，信顺与慈悲齐立耳。殊涂而同归者，不得守其发轮之辙也。

如上所述，《白黑论》的结尾谈到，不能说谈论"视听之外""幽冥之理"的佛教就优于不谈论这些的周孔之教，倒不如说"疑而不辨"的周孔之教更胜一筹。若要问这与我们当下讨论的问题——姚崇为何要推荐子孙们读《白黑论》？我认为答案就在于，《白黑论》基于顿悟说提出了要将佛内在化，否定了礼拜等一切外在仪礼。那么，道生的新义以及《白黑论》的精神，是如何一路被传承到姚崇的时代的呢？又或者说它到底有没有被传承至后世呢？

《高僧传·竺道生传》中有言："时人以（道）生推阐提得佛，此语有据。顿悟不受报等，时亦宪章。"（T50,367a）对《白黑论》大加赞赏的宋文帝，据说也是道生的信徒。①传闻南齐的隐士刘虬还对"善不受报""顿悟成佛"之义进行了诠释。②

然而，纵观历史，道生的新义，以及以它为基础的《白黑论》精神从未受到世人的广泛认同。宗炳在与何承天辩论过程中提出了对《白黑论》的批判——《难白黑论》，且看《难白黑论》中是如何评价天堂地狱说和宏伟的伽蓝的。段首的英文字母对应前文白学先生论述后面的字母。

（a）夫心不贪欲，为十善之本，故能俯绝地狱，仰生天堂，即亦服义蹈道、理端心者矣。今内怀虔仰，故礼拜悔罪；达夫无常，故情无所吝。委妻子而为施，岂有邀于百倍？复何得乃云"不由恭肃之意，不乘无吝之情"乎？（T52,18b）

（b）何诬佛之深哉！夫佛家大趣，自以八苦皆由欲

---

① 据说道生死后，文帝亲讲顿悟义，遭到僧弼等强烈质疑，便感叹道，"若使逝者可兴，岂为诸君所屈"（《高僧传》卷七《竺道生传》，T50,367a）。文帝曾下诏让身在临川郡的道生的弟子——道猷前往都城（《高僧传·释道猷传》，373a），将法瑗从庐山召至都城让他们讲顿悟义（《高僧传》卷八《释法瑗传》，376a）。此外，龙光寺的宝林，其弟子法宝也常效法道生之义（《高僧传》卷七《竺道生传》，367a），还有云斌也曾宣讲顿悟建武之义（《高僧传》卷七《释云斌传》，373a）。
② 《广弘明集》卷一九《萧子良》"与荆州隐士刘虬书"的注释。"刘虬……惟研精佛理，述善不受报顿悟成佛义，当时莫能屈。"（T52,233a）

来，明言十二因缘，使高妙之流，朗神明于无生（泥洹）耳。欲此道者，可谓有欲于无欲矣。至于启导粗近，天堂、地狱，皆有影响之实……励妙行以希天堂，谨五戒以远地狱，虽有欲于可欲，实践日损之清涂。（18c）

（c）固黑蝇之丑，或可谓作法于凉，其弊犹贪耳。何得乃慢佛云"作法于贪"耶？王莽窃《六经》以篡帝位，秦皇因朝觐而构阿房，宁可复罪先王之礼教哉？①（18c）

再来看看距离姚崇年代更近的、唐初李师政的《内德论·空有》（《广弘明集》卷十四，T52,192c以下）。《空有》篇对某些提倡"'殖因收果之谈，天堂地狱之说'不过是'权诱愚蒙'，'有其语焉，无其实矣'"的人予以了沉痛的抨击。当时的情况正是如此。暂且不说那些时不时抬杠找茬甚至捏造事实的排佛论者、以及道佛之争当中显而易见的排佛论，像本书第145页总结的（一）、（二）那样，依据佛的"本法"来批判佛教的、也就是说由佛教内部对佛教进行批判的，只占了一小部分。如上一小节所述，武韦时代掀起了异常的建寺造佛之风，在这样的背景之下，这种立足于佛教本法的佛教批判才得以兴起。但仔细探讨的话，你会发现武韦时代以前也并非没有这样的批判。比如，南齐武帝的遗诏就是一例。

---

① 参考牧田谛亮编《弘明集研究·卷中》（译注篇上），京都大学人文科学研究院，1974，第168—170页。

祭敬之典，本在因心，东邻杀牛，不如西家禴祭（《周易·既济九五》）……显阳殿玉像诸佛及供养，具如别牒，可尽心礼拜供养之。应有功德事，可专在中。自今公私皆不得出家为道，及起立塔寺，以宅为精舍，并严断之。（《南齐书》卷三）

天子的遗诏属于非常特殊的例子，虽然他并没有全盘否定礼拜供养，但值得注意的是他在遗诏中提出祭祀、功德应回归于心。针对眼下的问题核心——从慧琳时代到武韦时代再到姚崇，他们都不约而同地依据佛的"本法"来批判佛教的问题，笔者想借傅奕的《高识传》来填补一下逻辑空隙。

七、傅奕的《高识传》

《高识传》共有十卷。这本书可谓是"集魏晋已来驳佛教者"（《旧唐书》卷七九）的列传。但遗憾的是，流传后世的《高识传》本没有保留其原本的内容，《广弘明集》卷六《叙列代王臣滞惑解》中，编者道宣说："因其立言，仍随开喻。"（T52,123b）换言之，现存的《高识传》只不过是引用了《高识传》原本的部分论述，再加以适宜的评论而形成的、一部让人以为是《高识传》原型的作品。对于热衷于护法的道宣而言,傅奕是一个必须狠狠抨击的对象,因此对他倍加在意,言语中也不乏一些夹带私人感情的夸张表述。道宣是如此说明傅奕创作《高识传》的动机和目的的:"有唐太史傅奕者,本宗李老(道教)猜忌释门,潜图芟剪用达其部。武德之始上书具述,既非经国当时遂寝。[①]奕不胜其愤,乃引古来王臣讪谤佛法者二十五人,撰次品目名为高识传。一帙十卷。抄于市卖欲广其尘,又加润饰增其罪状。"(T52,123b)包括慧琳在内的二十五名排佛者被分成两类,而傅奕与道宣对这两类人的评价是截然相反的。毕竟两人一个排佛,一个护法,站在对立的立场上两人有截然不同的评价也是理所当然的。我在此将这两类排佛者做了如下梳理。[②]

(一)教团肃正论者("住持王臣")十四人

傅奕的评价:废除者;道宣的评价:兴隆之人。

(二)彻底的排佛论者("毁灭王臣")十一人

[①] 有关武德年间傅奕的排佛上疏参考了前文提及的拙稿《中国的排佛论的形成》。
[②] 原文如下:奕学周子史,意在诛除。搜扬列代论佛法者,莫委存废。通疏二十五人,大略有二:初则崇敬佛法,恐有淫秽,故须沙汰,务得住持。二则憎嫉昌显,危身挟怨,故须除荡以畅胸襟。初列住持王臣一十四人,傅奕《高识传》通列为废除者,今简则兴隆之人宋世祖、唐高祖、王度、颜延之、萧摹之、周朗、虞愿、张普惠、李珰、卫元嵩、顾欢、邢子才、高道让、卢思道;二列毁灭王臣一十一人。傅奕《高识传》列为高识之人。今寻乃是废灭者魏太武、周高祖、蔡谟、刘昼、阳(杨)衒之、荀济、章仇子陀、刘惠(慧)琳、范缜、李绪、傅奕。(T52,123b—c)

傅奕的评价：高识之人；道宣的评价：废灭者。

那么这些《高识传》中列举的排佛者们又是如何看待我们眼下的问题的呢？且看"第十虞愿"条，上面记载了虞愿劝谏宋明帝勿在故第修建湘宫寺的奏章：

此寺穿掘伤蝼蚁，砖瓦焚虫豸，劳役之苦百姓筋力，贩妻货子，呼嗟满路，佛若有知，念其有罪；佛若无知，作之何益？

虞愿基于佛慈悲说和济物说提出了批判，道宣自然非常欢迎，他评论道："此寔大慈之本怀。得佛之遗寄。"

同样的批判，即归属于本书第145页总结的第（二）类的批判也不少。比如梁武时代"第十五荀济"上书的长文中有一节如此写道：

奸胡矫诈，自称大觉，而比丘徒党，行淫杀子，僧尼悉然。害蝼蚁而起浮图，费财力而角堂宇。若牟尼能照而故纵淫杀，便是诈称慈悲。徒能照而不能救。又是大觉，于群生无益，而天下不觉。

陛下以因果有必定之期，报应无迁延之业，故崇重像法，供施弥隆，劳民伐木，烧掘蝼蚁，损伤和气，岂顾大觉之慈悲乎？……杀蝼蚁而营功德。既乖释典，崇妖邪而行谄祭，又亏名教。

· 第四章 佛在于心——从《白黑论》到姚崇的《遗令诫子孙文》·

除此之外，还有因在幕后推动北周武帝废佛而闻名的"第十七卫元嵩"于天和二年（567）上呈的奏章，道宣评价其"大略以慈救为先"，上书中有言：

> 夫佛心者，大慈为本，安乐含生终不苦役黎民。虔敬泥木，损伤有识，荫益无情。

"第二十四隋卢思道"的"周齐兴亡论"——正确地来说，据《文苑英华》卷七五一所记载，应该是"北齐兴亡论"和"后周兴亡论"中的后者，它是如此称赞主张废佛的北周武帝的：

> 以释氏立教，本贵清净。近世以来，糜费财力，下诏削除之，亦前王所未行也。

这是基于佛清净说所作的批判。此外，还有"第二十三北齐李公绪"一条中体现的"布施无用论"，可视之为本书第145页第（一）类批判的先例。李公绪"见有丧之家忧斋供福利（举办法事）"，便曰：

> 佛教者，脱略父母，遗蔑帝王。捐六亲，舍礼义，赭衣髡剔，自比刑余。妄说眩惑，唯利是亲……至如兹术，则伤化托幽，滋为鬼道。惜哉，举国皆迷，彼众我寡。悲

哉，吾之死也，福事一切罢之。弃华即戎，有识不许。

还有道宣没有引用的、傅奕于武德四年（621）上呈的上疏"减省寺塔僧尼益国利民事十一条"。其中第五条的标题为"断僧尼居积则百姓丰满将士皆富"，此条说"礼佛不得尊豪，设斋不得富贵"，弹劾佛教以天堂地狱之说鼓励百姓礼佛设斋从而获得大量布施。

还有第八条，标题为"统论佛教虚多实少"，此条彻底否定了造像、写经、诵读佛经的功德，其具体内容前文介绍的其他文章当中亦有详述。①

话说回来，李公绪和傅奕不是信佛者，因此他们的言论可以归属于来自佛教外部的批判。再来看看与之相对的、来自佛教内部的批判，尤其是那些极力主张"有为"的虚妄性的批判者。其中有一位人物不容忽视，此人便是因撰写《洛阳伽蓝记》而闻名后世的"第十四杨衒之"。《高识传》中说他是见到"寺宇壮丽，损费金碧，王公相竞，侵渔百姓"之后才决定撰写《洛阳伽蓝记》的，并在其著述中用寓言揭露了佛教"不恤众庶"。书中还记载了杨衒之的上疏：

---

① 参考前文注释中提及的拙稿《中国的排佛论的形成》。前文提及的李师政的《内德论·空有》所抨击的或为傅奕。其中《内德论·辩惑》分明是一篇抨击傅奕的排佛上疏的文章。

> 释教虚诞，有为徒费。无执戈以卫国，有饥寒于色养。逃役之流，仆隶之类，避苦就乐，非修道者。又佛言有为虚妄，皆是妄想，道人深知佛理，故违虚其罪。

前文揭示的《洛阳伽蓝记》的撰写动机及其勾勒出的杨衒之的形象是非常珍贵的材料。他极力主张"有为"的虚妄性，发挥了重要的媒介作用，将《白黑论》和武韦时代建寺造佛之风的批判者们，尤其是以《金刚经》为依据进行批判的人们与姚崇联系了起来。《伽蓝记》的原序中只是提到，东魏武定五年（547），杨衒之为了行役再访洛阳，看到往日数以千计的佛寺如今冷清的样子，不禁感慨麦秀黍离，叹道"恐后世无传"，而没有继续展开叙述。但据《高识传》记载，《伽蓝记》实际上是以"有为虚妄说"为基调的。从这个角度来看《伽蓝记》的话，就不得不提到《洛阳伽蓝记》卷二崇真寺一条那则经常被引用的知名传说，这则传说反映了一个不可忽略的问题。传说讲的是崇真寺的比丘惠凝死后七日起死回生，向世人讲述了他在冥界目睹阎罗王审讯的故事。经过阎罗王检阅，发现惠凝是被认错人才被抓入冥府的，因此得以赦免。据惠凝所言，一同接受阎罗王审讯的还有五位比丘。其中，宝明寺的智圣因生前坐禅苦行得以升上天堂，般若寺的道品因诵读《涅槃经》四十卷亦得以升天堂。剩下的三位比丘，一位是融觉寺的昙谟最，生前讲《涅槃》《华严》两经，指导众千人。阎罗王不以为然，说："讲经者心怀彼我，以骄凌物，比丘中第一粗行，今唯试坐禅诵经，不问讲经"，斥退了昙谟最。昙谟最坦白道："贫道立身以来，唯好讲经，实不暗诵"，便被遣往地狱。另一位比丘是禅林寺的道弘，道弘神色得意地说："教化四辈檀越，造一切经，人中像十躯。"阎罗王反驳道："沙门之体，必须摄心守道，志在禅诵。不干世事，不作有为。虽造作经像，正欲得他人财物，既得财物，贪心即起，既怀贪心，便是三毒不除，具足烦恼。"于是道弘也被送入地狱。最后一位比丘是灵觉寺的宝明，自云："出家之前，尝作陇西太守，造灵觉寺。寺成，即弃官入道。虽不禅诵，礼拜不阙。"阎罗王回曰："卿作太守之日，曲理枉法，劫夺民财，假作此寺，非卿之力，何劳说此！"对他不予理会，于是这位比丘也被送入地狱。杨衒之以"自此以后，京邑比丘皆事禅诵，不复以讲经为意"作为此条的结语。不可否认，笔者杨衒之对"坐禅、诵经"有种说不出的共鸣感、而对"讲经、造寺、造像、礼拜"抱有排斥感，这些情感都被寄托在这段传说当中。《高识传》中说，杨衒之的上书否定了"有为"。结合《伽蓝记》来看，就不难理解《高识传》为何会作此评价了。

八、东山法门

批判建寺造佛的言论当中，立足于佛慈悲、清净、济物说的，在诸多时代都很普遍，但立足于有为虚妄说的则不然。从《白黑论》之后到武韦时代之前，除去杨衒之，只有极少数人。这些批判者主张的有为虚妄说，通常逻辑上最终都会导向这样的结论——有为虚妄与内在的佛心互为表里。也就是说，对外在的有为的否定和对内在的心——佛的肯定是配套的主张。张廷珪曰："夫佛者，以觉知为义，因心而成，不可以诸相见也……此真如之果不外求也。"韦嗣立曰："苟非修心，定慧诸法皆涉有为。"姚崇的主张也是如此。为何武韦时代此类主张会变得如此之多呢？我在尝试解答这个问题时，不禁在脑海中设想——他们之所以会提出这些主张，是因为唐代佛教界一股潮流的推动。这股潮流就是当时蓬勃兴起的禅家运动。它孕育出了佛教内部无限的创造性，给佛教界带来冲击的同时吹来了一股新风，堪称一场"运动"。所谓佛不在心外，心即是佛的观点，正是兴盛期的禅门特有的。比如马祖禅法中极具代表性的即心即佛义，还有假以傅大士之名的《心王铭》（《景德传灯录》卷三〇）也说"除此心王，更无别佛……慕道真士，自观自心。知佛在内，不向外寻。即心即佛，即佛即心"。我们不应忽略一个事实——武韦时代正值五祖弘忍的东山法门进入长安、洛阳的时期，东山法门也就是后人所说的兴起于蕲州黄梅的北宗禅。

最先开始在洛阳附近的嵩山少林寺一带布教的是弘忍的弟子法如（638—689）。紧随其后的是与法如同门的惠安（582—707），[①]他曾到长安、洛阳游历。还有神秀（606？—706），久视元年（700）神秀接到则天武后的敕令，从荆州玉泉寺被召进东都。[②]神秀先前就以"两京之学徒，群方之信士，不远千里，同赴五门"（宋之问：《为洛下诸僧请法事迎秀禅师表》）而闻名，入洛之后更是"跏坐觐君，肩舆上殿"（张说：《大通禅师碑》），"王公已下，歙然归向"（《传法宝纪》，第403页），甚至被推为"两京法主、三帝（武后、中宗、睿宗）国师"（《张说碑》），广为后人所知。当然受到世间狂热瞩目的不止神秀一人，东山法门的僧人们个个如此。比如，李知非为净觉夹注《般若波罗蜜多心经》写序时提到的净觉，[③]"其（玄）赜大师所持摩纳袈裟，瓶，

---

① 参考柳田圣山《禅之语录2：初期的禅史Ⅰ——楞伽师资记·传法宝纪》（筑摩书房，1971）的解说。
② 参考张说《大通禅师碑》及《传法宝纪》（第403页）。据《楞伽师资记》（第298页）记载，此事发生于大足元年（701）。本书遵照柳田氏的做法，也标记了《楞伽师资记》和《传法宝纪》的页数。
③ 参考竺沙雅章《关于净觉夹注〈般若波罗蜜多心经〉》，《佛教史学》第7卷第3号；柳田圣山：《初期禅宗史书的研究——有关中国初期禅宗史料的成立的考察》，《禅文化研究所研究报告第一册资料七》，1967。

·第四章 佛在于心——从《白黑论》到姚崇的《遗令诫子孙文》·

钵，锡杖等，并留付嘱净觉禅师，比在两京，广开禅法，王公道俗，归依者无数"。净觉撰写的《楞伽师资记》弘忍一章中说："缘京洛道俗称叹，蕲州东山多有得果人，曰'东山法门'也。"这位净觉正是韦后之弟，大足元年（701）神秀循循善诱授其禅法，神秀圆寂之后，净觉师从神秀的同门玄赜，就是那位于景龙二年（708）被中宗召入西京，后在东都宣扬禅法的玄赜。①

既然东山法门的僧人受到了京洛的王公道俗们如此热烈的欢迎，那么他们的教义不可能没有传入姚崇等人的耳中。

佛不在心外，这也是东山法门的僧人们频频主张的观点。神秀大师偈云："一切佛法，自心本有。将心外求，舍父逃走。"（《景德传灯录》卷四）净觉大师的《心经》注卷尾有偈语云："迷时三界有，悟即十方空。欲知成佛处，会自净心中。当自内求，莫外驰骋。"净觉大师的《开心劝导善训》亦云："昔日将心求外佛，今将知佛在心停。"②《楞伽师资记》开篇先讲述了净觉大师受到玄赜大师的谆谆教导："始知方寸之内具足真如"（第57页），又在四祖道信一章中记录了四祖道信的偈语"离心别无有佛，离佛别无有心"（第192页），以及最能代表道信禅法的五门之说："《无量寿经》云：诸佛法身，入

———

① 净觉的传记详见前文注释提及的柳田氏的《初期的禅史Ⅰ——楞伽师资记·传法宝纪》第二章第六节《〈楞伽师资记〉的作者》。
② 参考前文注释中提及的柳田氏《初期的禅史Ⅰ》的解说。

一切众生心想，是心是佛，是心作佛。当知佛即是心，心外更无别佛也。略而言之，凡有五种……"（第225页）

"心外无别佛"是禅门特有的教义，禅门因此甚至被其他宗派抨击为"异见邪宗"。稍微往前追溯一下历史，道绰（562—645）所著《安乐集》第二大门中的第二"破异见邪宗"与第三"破系心外无法"所体现的立场，明显是与禅家的主张相对立的，甚至让人怀疑道绰大师这么写是不是意识到了当时尚处于萌芽期的禅家终有一日将形成一大潮流。《安乐集》中写道，有人问："所观净境，约就内心。净土融通，心净即是。心外无法，何须西入？"绰答曰："但法性净土，理处虚融，体无偏局。此乃无生之生，上士堪入……自有中下之辈，未能破相，要依信佛因缘，求生净土。虽至彼国，还居相土……"（T47,8c—9a）据道绰大师所说："心外无法"即"心外无别佛"只适用于上士。而中士、下士则只能通过"相"这个渠道来"求生净土"。禅和净土，也就是在唐代和禅门势均力敌的净土教，二者之间最明显的差异就在于此。① 四祖道信云："当知佛即是心，心外更无别佛也"，此言是以《观无量寿经》的"是心作佛，是心是佛"为依据的。净土教

---

① 《楞伽师资记·道信》一章中记载了有关西方净土的问答如下，请大家注意它与净土教主张的区别：又曰："用向西方不？"信曰："若知心本来不生不灭，究竟清净，即使净佛国土，更不须向西方。"（第213页）

又是如何解释"是心作佛,是心是佛"的呢?要知道《寿经》可是净土教的正依经典,如何能叫人不好奇呢?然而昙鸾的《论注》卷上只是说:"是心作佛者,言心能作佛也。是心是佛者,心外无佛也。"(T40,832a)不过,善导大师的《观经疏》卷三有言:"言是心作佛者,依自信心,缘相如作也。言是心是佛者,心能想佛,依想佛身而现,即是心佛也。离此心外,更无异佛者也。"

并在下文加重了语气接着说:"或有行者,将此一门之义作唯识法身之观,或作自性清净佛性观者,其意甚错,绝无少分相似也。"(T37,267a)显而易见,被善导大师斥为错误的"唯识法身之观"和"自性清净佛性之观"正是法相和禅的观点。禅和净土的区别就在于如何理解"是心作佛",是理解成心终将化为佛,散发出佛的光芒,还是理解成佛终将显现在心中?在后者,也就是净土教的教义当中,佛只是被视为一个观察对象。

那么净土教是如何看待有为虚妄说——对建寺造佛之功德主义的否定的呢?《金石萃编》卷七一《法藏禅师塔铭》有言:"以为镕金为像非本也,裂素抄经是末也。"这是开元二年(714)入寂的三阶教法师——法藏的偈语。[1]姚崇说:"功德须自发心,旁助宁应获报?"纵观《遗令》全文,与此言最为接近的应为《六祖坛经》

---

[1] 参考上述注释中提及的矢吹氏《三阶教之研究》第69页及之后的内容。

中的一节。那一节相当有名，说的是梁武帝问达摩："朕一生造寺供僧，布施设斋，有何功德？"话音刚落，达摩便答曰："实无功德。"韦璩听闻此事后不解便向六祖大师请教。六祖慧能曰："实无功德。勿疑先圣之言。武帝心邪，不知正法，造寺供养，布施设斋，名为求福，不可将福便为功德。功德在法身中，不在修福……自修身是功，自修性是德。善知识，功德须自性内见，不是布施供养之所求也。是以福德与功德别。武帝不识真理，非我祖师有过。"（第124页）[①]《无相颂》中亦有言："迷人修福不修道，只言修福便是道，布施供养福无边，心中三恶元来造。拟将修福欲灭罪，后世得福罪还在，但向心中除罪缘，各自性中真忏悔。"（第120页）

我的意思并不是说姚崇是亲自从慧能大师口中听到这些偈语的。硬要说的话，姚崇的好帮手，同时也是他的继任者——宋璟，或许可以说是将姚崇和慧能联系起来的媒介。《宋高僧传》卷八《慧能传》（T50,754b以下）记载了慧能圆寂后，广州节度宋璟到其塔前礼拜，并向其弟子令韬请教"无生法忍义"。宋璟闻得佛法心中欢喜，向塔乞求显示祥兆。不久竟然真的出现了祥瑞之兆，四周吹起微风，传来一阵奇异的香味，阴雨霏霏笼罩着整个寺院。

---

① 引自中川孝《禅之语录4：六祖坛经》，筑摩书房，1976，后面标示的是其页数。

· 第四章　佛在于心——从《白黑论》到姚崇的《遗令诫子孙文》·

后来，开元四年（716），姚崇推荐宋璟为继任者后辞退了宰相一职，此前宋璟一直都在广州担任都督。然而，宋璟曹溪礼塔这一典故的史实性饱受质疑，①并且，我们认为《坛经》的创作年代应该远在姚崇之后。柳田圣山先生认为现存最老的敦煌本《坛经》的创作年代应该介于建中二年（781）面世的《曹溪大师别传》与贞元十七年（801）面世的《宝林传》之间。②

只是，如果《坛经》是在八世纪末才被创作出来的，那么刚才引用的梁武帝与达摩之间的有关功德的问答，可能要追溯到独孤沛撰写的《菩提达摩南宗定是非论》的序。③可以认为这其中有着源远流长的流传过程。《坛经》认为修福与功德无缘，指出"功德须自性内见""福德与功德别"；姚崇在《遗令》中说："修福之报，何其蔑如"，"功德须自发心，旁助宁应获报"，二者的论调何其相似！让人觉得二者之间有一种强烈的似曾相识的感觉。虽然上述主张在《坛经》中被视为慧能大师个人的偈语，但其实归根到底也是东山法门的普遍观点，想必姚崇

---

① 参考上述注释提及的柳田氏《初期禅宗史书的研究》，第246页。
② 参考《初期禅宗史书的研究》，第254页。
③ "武帝问法师（达摩）曰：朕造寺度人，造像写经，有何功德不？达摩答，无功德，武帝凡情不了达摩此言，遂被遣出。"引自胡适的《新校定的敦煌写本神会和尚遗著两种》，胡适纪念馆新印《神会和尚遗集》附录，1968。年代稍晚的柳宗元的《曹溪第六祖赐谥大鉴禅师碑》中有言："梁氏好作有为，师达摩讥之，空术益显。"

就是从东山法门听来的吧。在姚崇那个时代，禅宗尚不分南北，被后人奉为南宗之祖的慧能，在当时也只是东山法门的一介普通僧人而已。[1]不管是南北宗，"修福不同于功德，应加以区分"这一立场都是非常明确的。贞观时代，太宗的长子李承乾还在皇储之位时，曾向崇贤管学士张士衡提问："布施营功德，有果报不？"张士衡答曰："事佛在于清净无欲，仁恕为心。如其贪婪无厌，骄虐是务，虽复倾财事佛，无救目前之祸。且善恶之报，若影随形，此是儒书之言，岂徒佛经所说。"（《旧唐书》卷一百八十九上《儒学张士衡传》）不得不说，跟抨击"布施供养"与"旁助"，恨不得与之一刀两断的姚崇《遗令》相比，张士衡此言还是不够坚决明了。

写到此处，我不禁又想起杨衒之。《洛阳伽蓝记》记录了世上最早的有关菩提达摩的记述，这一点强烈地暗示了杨衒之或曾与达摩有过直接交流。[2]虽然我认为崇真寺惠凝

---

[1] 慧能之所以被封为南宗之祖，与神秀的北宗相对，是神会的功劳。《楞伽师资记》引用的玄赜撰《楞伽人法志》中，弘忍曾说："我与神秀论楞伽经，玄理通快，必多利益……潞州法如、韶州慧能、扬州高丽僧智德，此并堪为人师，但一方人物。"（第273页）虽然弘忍对慧能的评价仅仅是：无法跟神秀相提并论的"一方人物"，但从中可以看出，慧能作为弘忍门下的一人，在早期就受到了一定的肯定。

[2] 具体记述可见《洛阳伽蓝记》卷一《永安寺与修梵寺》。后世的文献，比如《宝林传》卷八、《景德传灯录》卷三等皆有达摩和杨衒之的问答记录（《祖堂集》卷二中记为杨衒），但《伽蓝记》本身本没有证据显示两人直接进行了交流。

的传说寄托了笔者杨衒之对坐禅、诵经的赞同和对讲经、造寺、造像、礼拜的反对,但其实这种赞同和反对不也是达摩的主张吗?达摩曰:"从文字中得解者,逢事眼即闇。经论中谈事,与法疏也。虽口谈事耳闻事,不知身心自经事",达摩所言否定了经论而强调身心的实践。① 此外,《续高僧传》卷十六《菩提达摩传》中有言:"随其所止,诲以禅教。于时,合国盛弘讲授,乍闻定法,多生讥谤……游化为务,不测于终"(T50,551c),让人不禁想起那些游行僧们。他们对在伽蓝之中兴起的讲筵之风嗤之以鼻,勤于坐禅和头陀②业。想必杨衒之所说的深知"有为虚妄,皆是妄想"这一佛理的"道人",指的便是达摩所代表的佛教改革运动的实践者们,那群甚至可以被称为"异端"的人们吧。这个奉达摩为始祖的宗派,最后终于在东山法门开花结果了。

---

① 即"二入四行论"。参考柳山圣山《禅之语录1:达摩语录》,筑摩书房,1969,第108页。
② 译注:"头陀",出自梵语,原意为抖擞浣洗烦恼,佛教僧侣所修的苦行。

结　语

为何武韦时代到玄宗时代之间批判建寺造像的声音不绝于耳呢？我尝试从当时正趋兴隆的佛教潮流——禅家的主张进行了解读。批判者们认为佛之义在于觉，佛不在心外，因此他们将心外的有为斥作虚妄之物，主张摒弃布施供养，这些论调无不让人觉得他们与禅家不谋而合。[①]如果没有禅家的影响，这些先人们还能写出批判建寺造像的文章吗？如果"影响"这个词欠妥的话那就改为"刺激和传播"。姚崇在《遗令》中提到的、能视之为依据的固有名词，唯有《白黑论》而已。就算是姚崇，单凭一部《白黑论》，就能写成《遗令诫子孙文》吗？

遗憾的是缺少确凿的证据来证明他们与禅门之间的

[①] 值得注意的是，净土教是肯定布施供养的。在此引用《安乐集》第一大门和第十二大门如下。是故《大集月藏经》云："佛灭度后第一五百年，我诸弟子学慧得坚固……第四五百年，造立塔寺修福忏悔得坚固。"（T47,4b）《十往生经》云："阿难复白佛言：'若如是者，更修何善根，得正解脱？'佛告阿难：'汝今善听，吾今为汝说。有十往生法，可得解脱。云何为十？一者观身正念，常怀欢喜，以饮食衣服，施僧及僧，往生阿弥陀佛国。'"另外，在《观经疏》卷四（T37,272b）中，一心专注于取得弥陀名号的被称为"正定之义"，礼诵，也就是礼拜诵经被称为"助业"，其他诸善被称作"杂行"。

关系。① 又或者他们只是在禅门的主张中发现了可以用来批判建寺造像的利器，从而加以利用而已。当时建寺造像的推动者，也就是众矢之的——朝廷本身也渐渐地被东山法门所吸引。神秀位居"两京法主、三帝国师"，还有净觉大师竟是韦后之弟，就足以说明这一点。这样的局势对批判者们而言必定如虎添翼。至于姚崇，虽然睿宗景云元年（710）时任中书令的他曾把严挺之提拔为右拾遗，这位严挺之曾为神秀门下的高徒义福写下《大智禅师碑》（《旧唐书》卷九九），但更引人注目的是，开元初期，姚崇掌管大权，他曾经极力排斥那些皈依东山法门的人，包括师事神秀、曾撰写《大通禅师碑》的张说，还有为神秀的弟子普寂撰写《大照禅师塔铭》的李邕等等。紫微令张说"为姚崇所构"被贬为相州刺史是在开元元年（713）十二月（《旧唐书》卷八《玄宗本纪上》、《旧唐书》卷八《张说传》），之后不久户部郎中李邕也被姚崇"构成其罪"遭贬为括州司马（《旧唐书》卷一九〇《文苑传》）。如此看来，姚崇只是用《白黑论》来补充禅家的主张而已，如此判断似乎更为妥当。

但是退一步想，是不是也可以这么认为——武韦时代异常的建寺造像之风反倒更加让人怀疑其功德性。反过

---

① 《宋高僧传》中丝毫不见姚崇的身影，在上述列举的武韦时代批判建寺造像之风的人当中，《宋高僧传》只提及了李峤和韦嗣立两人，而且只提到他们参与了义净译场的"次文润色"工作。

来也可以说，佛教的庇护者反倒被佛辜负了。禅门的兴起也或多或少与此有关吧。则天武后晚年，有人偷偷画了一幅画。画中有一位僧人，他拿着弓箭准备射一位站在高楼上的女子。该女子正是武后，而僧人的容貌则酷似恒州鹿泉寺的净满大师。虽然说这是净满大师的弟子们为了陷害他，给他戴上大逆不道的罪名而设的奸计（《旧唐书》卷一八五下《良吏裴怀古传》），但如果我省去这些说明，只把这幅画当作一幅时代讽刺画来看的话，可能印象会更加鲜明深刻。

而且，是不是也可以这么认为呢——姚崇是一个不相信超自然力量的合理主义者，[①]而禅家始终倡导佛不在心外，倡导肯定现实、肯定人类，其教义甚至可以用乐观来形容，禅家之教已经被欣然融入姚崇的心性当中。姚崇继承了反对"为求彼岸之无穷而剥夺此岸之俄顷"的《白黑论》，提出"佛者觉也，在乎方寸""不佛在外，求之于心"，肯定现实、肯定人类的精神在他身上热烈地涌动着。梁肃的《天台法门议》（《唐文粹》卷六一）有言："今之人正信者鲜。游禅关者，或以无佛无法、何罪何善之化，化中人已下。驰骋爱欲之徒，出入衣冠之类，以为斯言至矣。且不逆耳，故从其门者若飞蛾之赴明烛，破块之落空谷。殊不知坐致焦烂而莫能自出，虽欲益之而实损

---

① 参考第113页注释①。

之。与夫众魔外道为害一揆。"此言若不是恶意揶揄便是一个误会。但是，即便是这般言论，禅家肯定人类的乐观思想也能够包容。禅家思想不仅被姚崇欣然接纳，它与开元时期的时代特征也是相得益彰。开元时期在政治方面，确实对武韦时期的抨击之声四起，但武韦时期喷涌出的社会活力并没有因此消失殆尽。社会反倒从刑政中受益，得以顺利发展，变得更加朝气蓬勃，是一个给世人带来了充分自信和希望的时代。禅家的主张充满了对人类的信赖，是光明璀璨的。不得不说，禅被接纳和普及并不是一种表面的、暂时的流行现象，而是时代的内在要求。这也是为什么"佛在于心"能够成为当时的时代标语的原因。

孤独及的《舒州山谷寺三祖镜智禅师碑》（《唐文粹》卷六三），即三祖僧璨的碑简明扼要地阐明了上述观点，令人印象深刻。虽然它并没有提及《白黑论》或姚崇《遗令》，但还是想拿它作为本章的结语。

某以谓初中国之有佛教，自汉孝明始也，历魏、晋、宋、齐及梁武，言第一义谛者不过布施、持戒，天下惑于报应而人未知禅，世与道交相丧。至菩提达磨大师，始示人以诸佛心要……当时闻道于禅师者，其浅者知有为无非妄想，深者见佛性于言下，如灯之照物，朝为凡夫夕为圣贤。

| 第五章 |

道教之旅

一、游客须知

那是一次时隔三年半的中国之旅。我参加了一个叫"道教遗迹参观团"的考察团,团长是近几年来以全副身心投入道教研究的福永光司老师,我们一行共九人。如团名所示,那次访华的目的就是要用自己的脚去丈量那些只在文献中读过的道教遗迹,亲眼看看它们的庐山真面目。对接我们的机构是中国社会科学院世界宗教研究所,所长是任继愈教授。我们事先告诉了对方想参观的遗址,除了与陶弘景渊源极深的茅山之外,其他想去的地方都完美成行,对此必须深表感谢。此外还想对从北京到上海一路陪同我们的该研究所的佛教史专家杨曾文老师表示感谢。我与杨先生是旧交,阔达的他不知给这趟旅行带来了多少乐趣。但是,天公不作美,跟我们预想的不一样的是,1982

年10月24日到11月11日之间，只有三四天能看到万里晴空。从北京到西安的飞机也全程行驶在如棉被般笼罩着的厚厚的云海之上。天气很暖和，即使是在海拔超过了一千米的庐山上，那些工作人员精心准备的防寒用具也只能默默地躺在卡车上，毫无用武之地。只是，没能看到"手可摘星辰"的夜空，令人有些遗憾。因为，古代中国人认为星辰支配着人类的命运，他们的星辰信仰必定与这夜空息息相关。

我们除了道教遗迹之外，还造访了各地的佛教遗迹，这些宗教遗迹不仅是过去的历史残留物，时至今日它们依然作为宗教活动场所延续着各自的生命，这也是这趟参观之旅给予我的一大感受。比如，在清朝雍正帝即位之前的府邸——北京喇嘛教寺院雍和宫中，我们不单单能看到身着褐色僧服的小僧在院内阔步，还能看到老婆婆在教孙儿如何礼拜，还有蒙古族的青年一边转念珠一边念经文，绕着佛堂一圈一圈地走。我们还去了武汉的归元禅寺，烧香、烧纸钱的烟气十分呛人。供奉着五百罗汉的罗汉堂前挂着一块"游客须知"，上面写看香一定要插在香炉上，纸钱一定要放进炉子里烧云云，违者罚款五角，相当于八十日元。我们去参观的那天是10月31日，是一个周日。来此处的人，与其说是像我们一样，出于一种虔诚的信仰之心来参观寺院佛阁，更多的是带着一种轻松的消遣心态，或者纯粹是来凑热闹的。因此罗汉堂前挂的不是"信徒须知",而是"游客须知"。尽管是以这样的形式,可以说如今中国的寺院还有道观已经开始重新发挥作用了,这是一个明确的事实。僧侣和道士早晚修行,也有一定数量的信徒,这些都是无可争辩的事实。我们问归元禅寺的讲解员:"有没有新的信徒?"他不假思索地回答道:"有。"

跟佛教相比,道教东山再起的宏图伟业似乎落后了一步。不过,"中国道教协会"所在的北京白云观的修复工程已几近完工。"武汉市道教协会"所在的武汉长春观还在修复当中。长春观曾被用作医院,现已恢复了原有的身份。我们站在长春观红墙黛瓦的山门前,能听到槌音在耳畔不停回响。工作人员带领我们参观了一座建筑,内部还是空荡荡的,楼下放着长春真人丘处机的画像,楼上放着老子的画像,都只是拿红布当作华盖挂在画像上面而已。画中的老子骑在青牛之上,左手持《道德经》的竹简,右手持拂尘,侍者徐甲跟在身旁。长春真人的画像左右两侧有一副对联,写着"授金丹至诚开悟后人""演嗣系传延玄裔万世",上面还挂着一块白布,写着"祖师长春妙道开玄宏道真人、广授普度天尊位前","农历壬戌新年正月吉日,沐恩皈依女弟子余玉英,法名理洁,秉诚敬献",壬戌年即1982年。由此可知这些令人不敢恭维的画像是信徒捐赠的。老子画像的左右两侧也有一副对联,写着"道日增辉法源流长""祖光朗照宗教永春"。

上面挂着的白布写着"沐恩弟子吴诚松敬献",看来是位男信徒。农历初一和十六是信徒参拜之日。听他们说,虽然现在只是挂着两幅稚拙的画像,待到修复结束之时,将会在中央放置太上老君的塑像,两侧设尹喜真人和白骨真人即徐甲之像。他们还要为八仙和全真教七真中的吕洞宾、王重阳、丘处机设像,剩下的仙人、真人则画在壁画上。八仙是八位传说中的仙人,除了吕洞宾之外还有李铁拐、钟离权、张果老、何仙姑、蓝采和、韩湘子、曹国舅。王重阳则是全真教的开祖,我将在下文详细介绍。他与六位弟子合称"七真",丘处机在六位弟子当中名列第一。

现在中国出现的宗教现象,想必是党和政府指导的产物。这一方面可以参考另一位团员——吉田隆英氏的文章。[①]下面的文章是我在这次旅行中造访陕西省周至县的楼观、北京白云观、苏州玄妙观等地后写的参观印象笔记,我在文中不断地追溯这些道观的历史足迹,或许你可以从中发现中国历史上宗教和政治的密切交集。

二、楼观——天下洞天之冠

陕西省周至县的楼观是除了茅山之外,另一个我们强

[①] 吉田隆英:《现代中国的宗教动态——一九八〇年的中国宗教界》,《东洋史苑》第18、19合并号;吉田隆英:《现代中国的宗教动态——一九八一年的中国宗教界》,《东洋史苑》第20号。

烈希望可以去参观的地方。10月28日上午8点,我们乘坐小巴从西安市内的人民大厦酒店出发,绕过户县(今鄠邑区)北部一直朝西开去。路边的白杨树似乎看不到尽头,农户的院子里晒着白茫茫的棉花,屋檐下挂着黄澄澄的玉米,颜色都特别鲜艳。户县原名鄠县,现已改名为与"鄠(hù)"同音的"户"县,周至县原名盩厔县,后来也改名为与"盩厔(zhōuzhì)"同音的"周至"县。楼观台就位于距离周至县东南方向十五公里的终南山北麓上,是陕西省重点文物保护单位。接近目的地的时候,小巴驶过一条小河。那是田峪河,河床上铺满了黑色的石头。驶过田峪河后往左一转,可以望见左手边刚刚抽芽泛绿的麦田上,散布着古老而巨大的榛树、桧树和石碑。我们接着往南开去,一路爬上坡顶,小巴才停了下来。微高的山丘上有一道门,上面挂着一块写着"说经台"的匾额,小巴就停在这道门前。这一路从西安过来开了差不多两个小时,终于来到此处。终南山被清一色的绿笼罩着,让人诧异中国竟也有这样的山。这一带背靠终南山,弥漫着幽邃而神圣的气息。大概因为那一天也是阴天,云层低垂,覆盖山脚,更让人觉得如此。

传闻此楼观是老子的弟子尹喜的故宅,是老子授予尹喜《道德经》的地方,因此此处才被叫做"说经台"或"授经台"。

"台"意为丘陵。周大夫尹喜是时任关令,也就是边关的官员。据说尹喜在此结草为楼，观星望气，等待真人的到来。后来老子终于现身此地。"楼观"之名正是来源于"结楼观望"，唐朝欧阳询在《大唐宗圣观记》中也记述了这一缘由——"宗圣观者，本名楼观，周康王大夫文始先生尹君之故宅也。以结草为楼，因即为号。先生禀自然之德，应元运而生，体性抱神，韬光隐耀，观星候气，物色真人，会遇仙輧，北面请道。二经既演，八表向化。大教之兴，盖起于此矣。"所谓"二经"指的自然是《老子》中的道经和德经上下两篇。《道德经》历来被誉为道教的核心教典，那么此地被称为"大教"，即道教兴起的原点也是理所当然的，因此这里还被冠以"仙都""天下洞天之冠"等美名。道教当中，天帝派遣仙人下凡统治人间，仙人在凡间的住所就叫做"洞天"。唐末五代的道士、意气风发的著作家杜光庭在《洞天福地岳渎名山记》列举的天下三十六洞天之一——京兆府盩厔县方白山（或太白山）的德玄洞天正是此楼观。盛唐时期的边疆诗人岑参似乎也曾到访此处，其《题楼观》一诗写道："荒楼荒井闭空山，关令乘云去不还。羽盖霓旌何处在，空留药臼向人间。"其中"关令"指的便是尹喜。尹喜登仙一事众说纷纭，比如《关令尹喜内传》中就曾记载尹喜和老子一同西游，登上了位于昆仑山的天帝居所——金台玉楼。"羽盖"指的是用翠羽做帷盖的马车，"霓旌"指的是彩色的旗帜，"羽盖霓旌"意为仙人的座驾和仪仗。"药臼"是用来制作仙药的药碾子。此诗写的是，如今尹喜业已登仙，只留下一块药臼在这空荡荡的旧宅中。

欧阳询的《大唐宗圣观记》记录了老子授经后，周穆王和秦文公来此亲承教道，秦始皇建庙，汉武帝立宫云云。当然这些都是此地被誉为道教圣地之后世人编撰的传说。那么到底此楼观是从何时开始被视为道教圣地的呢？

三、蝉蜕渡世

且看《史记》老子列传中是如何记述老子授予尹喜《道德经》一事的。"老子……见周之衰，乃遂去。至关，关令尹喜曰：'子将隐矣，强为我著书。'于是老子乃著书上下篇，言道德之意五千余言而去，莫知其所终。"必须注意的是，《史记》中只说了老子至关（即边关）讲《道德经》，而没有说明边关所在。汉代刘向的著作《列仙传》中记述了老子"乘青牛车去，入大秦，过西关"时，关令尹喜通过候气之术知道真人将至，但所谓"西关"也只是说西方的边关而已。东汉李尤的《函谷关铭》（《艺文类聚》卷六）有言："函谷险要，襟带喉咽，尹从李老，留作二篇。"可见早在东汉甚至东汉以前，就有将函谷关视为老子授经之关的说法。但函谷关在河南省灵宝县，位于楼观的东方。东晋葛洪的《抱朴子》则称老子与尹喜相遇在散关（引用《史记正义》）。散关在今陕西省宝鸡县（今宝鸡市），位于楼观的西方。现在人们为了证明此楼观正是老子说经之地，而给出的一个合理解释是：尹喜从关令一职退位后便在此营建草楼，后来老子正好来到此地说经。

唐代李吉甫在《元和郡县志》中讲到从周穆王之时起到秦汉之间，一直都有道士住在此楼观中，这一说法和欧阳询的记述一样离奇，值得注意的是其中还提到"晋惠帝时重置"。更值得我们注意的是，擅长记述古迹的宋代乐史在《太平寰宇记》中写道："晋惠帝时置"，去掉了"重"字。

也就是说，从史实的角度来讲，可以断定楼观的历史始于西晋惠帝之时，即三世纪末到四世纪初。到了西魏、北周乃至隋朝，即六世纪时，国都定于长安，楼观靠近都城，其地位自然日益坚固。毕竟王朝也需要宗教加持以巩固权威。《大唐宗圣观记》记载了西魏文帝"崇信教门，增置徒侣（道士）"，使得观主陈宝炽"玉皇之道既宏，银榜之宫云构"；还记载了北周太祖宇文泰、隋文帝杨坚都从陈宝炽的继任者——王延那里获得了预兆，告诉他们是时候该建立新王朝了。双方的关系可谓你中有我，我中有你。元代朱象先撰《终南山说经台历代真仙碑记》中有陈宝炽和王延的略传，其中王延传写道，王延被选为"十老"之一。所谓"十老"是指，北周武帝宇文邕命楼观的道士严达在田谷旧隐①建通道观，并请九位资深道士住在道观当中，世人称之为"田谷十老"，王延就是其中之一。想必小巴开过的那条田峪河就是来源于"田谷"吧。当然也有人提出异议，认为《终南山说经台历代真仙碑记》不能这么理解，这里所说的通道观应是指设在京城长安的、类似国家宗教研究所的机构，主要成员是严达、王延等田谷"旧隐"，即楼观的道士们。②不管是哪一种说法，北周武帝对楼观的重视都可见一斑。

可以说，在当时就已有传说将老子与这片土地挂钩起来。何出此言呢？北魏郦道元所著的历史地理书《水经注》在提到盩厔县的就水时就写道："水出南山（终南山）就谷，北径大陵西"，并解释道，世人谓之老子陵。但郦道元并没有轻信这一传说，他接着写道："昔日李耳（老子）担任周柱史，掌管图书档案，后因世道衰落而入戎地。主张此处有老耳之冢的说法并没有实证。然而，据庄周的著书（《庄子·养生主》）记载，老聃（老子）死后，秦失前来吊唁，痛哭三声后离去。也就是说老子并非不死之人，人集金木水火土五行之精气而生，阴阳之气有终亦有变，没有不化为异物死去的道理。由此可推，或许真如传闻所言。古时，即便是不确定的言论也是允许传播

---

① 译注：此处"旧隐"指的是严达九日居住的楼观。
② 山崎宏：《北周的通道观》，《东方宗教》第54号；洼德忠：《两个通道观》，《东方宗教》第54号。

的，所以便存在这两种说法。"[1]1981年11月印刷的、楼观台文物管理所编写的《楼观台简介》附带着一张《楼观台游览示意图》，其中说经台西边较远处标示着"老君墓"，是真是假无从得知。我们只能在当地逗留不到四小时，时间上也不允许我们去现场考察。

站在道教神学的立场上看郦道元的评论，可能就成了历史学家无用的穿凿附会。

因为在当时的道教神学中，老子被视为神，可以一次又一次地重生下凡。此番时人对老子的看法，我们也可以在《老子铭》中见到。东汉延熹八年（165），汉桓帝梦见老子后，在陈国苦县（今河南省鹿邑县）祭奠老子，并命陈国长官边韶作《老子铭》。边韶在铭文中写道，世间部分"好道者"认为："老子离合于混沌之气，与三光（日、月、星）为终始……道成身化，蝉蜕渡世；自羲农以来，世为圣者作师。"所谓"蝉蜕渡世"，是指像金蝉脱壳一般，抛弃老旧的肉体，蜕变为全新的肉体，一代又一代反复重生无穷尽。"羲农"指的是古圣王伏羲和神农。《老子铭》说的是，自伏羲、神农以来，老子一次次下凡化身为圣王之师。如果说老子可以蝉蜕渡世，那么老

---

[1] 译注：原文如下：水出南山就谷，北径大陵西，世谓之老子陵。昔李耳为周柱史，以世衰入戎，于此有冢，事非经证。然庄周著书云：老聃死，秦失吊之，三号而出。是非不死之言。人禀五行之精气，阴阳有终变，亦无不化之理。以是推之，或复如传。古人许以传疑，故两存耳。

子之死就只是暂时的死，跟反复重生一样，只是在不断重复暂时的死而已。因此即便老子之墓到处都有也不足为奇，汉桓帝在陈国苦县祭老子，是因为将苦县当作老子的出生地。但按照前文的说法，如果说老子可以蝉蜕渡世，那么苦县也只是老子的众多出生地中的一个罢了。

四、与唐王朝挂钩的楼观

从西魏、北周到隋朝，楼观日益隆盛。武德三年（620），高祖李渊创立唐朝不久后，便赋予楼观以宗圣观之名，楼观作为道教圣地的地位自此变得不可撼动。且看宋代谢守灏的《混元圣纪》是如何讲述这段历史的。

当时隋朝一而再再而三地远征高句丽失败，各地民众叛乱四起，开始动摇隋朝统治的根基。楼观道士岐晖对弟子们说："如今天道将改，相信不用数年大家便能亲眼见证此事。"弟子问："此后将会如何？"岐晖答曰："当有老君子孙治世，此后我道教大兴，但老朽命不久矣，恐怕无法见证那一天的到来。"[1]

老君指的是被神化的老子，即太上老君。大业十三年（617）五月，隋朝太原留守李渊在太原（山西省太原

---

[1] 译注：原文如下：楼观道士岐晖谓门弟子曰："天道将改，吾犹及见之，不过数岁矣。"或问曰："不知来者若何。"曰："当有老君子孙治世，此后吾教大兴，但恐微躯不能久保耳。"

市)举起反旗，李渊还派遣了密使前往长安，让当时嫁给柴绍的三公主平阳公主携带夫君一同来太原。但刚毅的平阳公主只送走了夫君，自己独自一人留在关中组织军队响应父亲的起义。公主折回鄠县庄园，将家财散发给山中数百名亡命无赖之徒，聚拢民心，后又将盩厔、武功、始平诸县收入麾下，军队规模迅速扩大到七万多人。沿着汾水南下的李渊军队终于抵达长安，而这支将本营设在盩厔司竹园、自号"娘子军"的军队也在当地风生水起。当时，岐晖倾尽楼观的衣物粮食支援娘子军，想必就是因为岐晖认为老子姓李，那么李渊就是老君的子孙，是取代隋王朝"改天道"的真主。认为举兵反抗隋王朝的李渊是老君的子孙，是来救济世人的真主的，不止岐晖一人。温大雅的《大唐创业起居注》详细记录了李渊从太原举兵到长安即位为止三百五十七天的行动，也就是唐王朝的创国历程。其中提到，李渊举兵前，突厥使者康鞘利率军马来到太原，被分配到城东的兴国玄坛居住。康鞘利一到兴国玄坛，便先跪拜老子尊像。道士贾昂敏锐地注意到了这一幕，便对康说："突厥使者来到唐公李渊的辖地，一来就叩拜老君，可谓不失尊卑之次，若不是天上派来的使者，不可能懂得这番礼仪。"[①]说的是，使者之所以懂得尊卑之

---

① 译者注：原文如下：突厥柱国康鞘利等并马而至，舍之于城东兴国玄坛。鞘利见老君尊容皆拜。道士贾昂见而谓同郡温彦将曰："突厥来诣唐公，而先谒老君，可谓不失尊卑之次。非天所遣，此辈宁知礼乎。"

次，知道老君为祖，李渊为其子孙，是因为他是天上的使者。当岐晖听闻李渊军到达蒲津关准备渡黄河时，欣喜地说道："此真君来也，必平定四方。"激动之下，岐晖甚至将自己的名字改为岐平定，为表欢迎之意，还特意派遣了八十多名道士前往蒲津关。岐晖，这位后来改名岐平定的人物，岂有不受李渊器重的道理呢。岐平定"能彻损衣资，以供戎服，抽割菽粟，以赡军粮"，获李渊授金紫光禄大夫之位，其他道士也被赐予了银青光禄大夫的名号。

李渊军成功占领长安城是在他派遣使者到楼观，为祈福举办醮祭之后的第二天，即大业十三年（617）十一月丙辰九日。唐王朝创立后，李渊又在建国第二年即武德二年（619）五月，下达了在楼观修建祭老君殿、天尊唐、尹真人庙的敕令，分别供奉老子、最高神元君天尊以及尹喜，并下赐田地，命岐平定为观主。楼观被赋予宗圣观之嘉名，是在武德三年（620）。武德七年（624）十一月高祖李渊行幸宗圣观。前文曾多次引用的、现仍存于楼观的石碑《大唐宗圣观记》，严谨地说应该是"欧阳询撰序并书、陈叔达撰铭《大唐宗圣观记》"立于武德九年（626）二月十五日，是为纪念高祖李渊行幸宗圣观一事。至于为什么是在二月十五日呢，因为那一天是老子的诞辰，是吉日。

五、唐玄宗与道教

那之后，高宗年间宗圣观的观主尹文操也与唐王朝关系不浅，到了八世纪玄宗年间，宗圣观的地位又得到了进一步的巩固。唐玄宗可谓是为了道教倾尽了钱财。他的道教信仰，始于对老子的尊崇。而他之所以尊崇老子，不仅因为老子是圣王之师，还因为老子与唐王朝李氏同姓，被奉为李氏始祖。唐玄宗的这份尊崇又进一步演化为对以老子为中心的道教的热忱信仰。唐玄宗即位后不久，就于开元三年（715）将老子诞辰2月15日定为全国法定节日——玄元节，还作《玄元皇帝赞》来庆贺老子圣诞，玄宗对老子的尊崇之意由此可见。玄元皇帝指的是老子，早在半个世纪前的乾封元年（666），高宗就已授予老子玄元皇帝的尊号。玄宗御制《玄元皇帝赞》写道："爰有上德，生而长年。白发垂相，紫气浮天。含光默默，永劫绵绵。万教之祖，号曰玄元。东训尼父，西化金仙。百王取法，累圣攸传。万教之主，先天地焉。函谷关右，经留五千。道非常道，玄之又玄。"尼父即孔子，不仅道家经典《庄子·天道》中记载了孔子受教于老聃——老子一事，儒家经典《礼记·曾子问》对此也有记录，《史记》孔子世家和老子列传也都记载了孔子问礼的佳话。"金仙"指的是释迦牟尼，"西化金仙"说的是老子西行远渡沙漠，为教化乖僻的胡人创立了佛教。当时，所谓老子化胡说已广为道教徒所知。因此，老子既是儒家始祖孔子之师，也是佛教始祖释迦牟尼之师，是百王之模范、"万教之祖"。最后一句毋庸赘言，正是基于《道德经》第一章那句"道可道，非常道。名可名，非常名……玄之又玄，众妙之门"而写的。

玄宗还曾为《道德经》作注本，并作疏对其注释进行了详细的说明，可见玄宗对于老子的尊崇有多么坚定而不可动摇。玄宗的注、疏又称御注、御疏，《御注道德经》完成于开元二十年（732），于开元二十三年和御疏一同公诸于天下。至于御注、御疏是否真的出自玄宗本人之手，可能要打一个问号。真正的作者的殊荣，或许应归于在宫中讲授《道德经》的集贤院学士们。但为注本冠上玄宗之名，并通过唐王朝公告天下，这么做本身就具有非常重大的意义。御疏卷首的《道德真经疏释题》写道："肃肃皇祖，命氏我唐"，说的是唐王朝李姓源自皇祖老子，接着还写道，唐王朝承蒙老子"垂裕之训，无疆之祉"的恩泽，在此表示感激。

撰写御注、御疏，更进一步加深了唐玄宗对老子的尊崇之心，也提高了老子和《道德经》的地位。何以见得呢？御注、御疏公告天下的那一年，即开元二十三年（735），唐玄宗下达敕令，要求调整《史记》列传的顺序，将老子列传和庄子列传排在首位，将伯夷列传排在其后。开元二十九年（741），又下令在西京长安和东都洛阳两京以及各州设立玄元皇帝庙。更耐人寻味的是，自那之后，有关玄宗梦见太上老君或者说玄元皇帝及其使者，梦见他们授予玄宗某些启示的记录明显变多了。不论哪一种宗教，梦的启示都是信仰中的重要一环。梦见老子的记录变多，恰恰说明了，玄宗不仅对身为圣王之师兼唐王朝始祖的老子怀有尊崇之心，老子作为神在玄宗心中的分量也越来越重了。开元二十七年（739）十一月，玄宗收到玄元皇帝的梦中启示而取消了原定的渭水北方行幸计划。据说后来原定出行那一天，果真狂风大作。传闻玄宗每日都会在老子尊像面前念经，开元二十九年（741）四月某日，四更时，天还未亮，玄宗念完经后，正静心端坐着，不知不觉中打起了瞌睡。那时，一位老人出现在他的梦中，对他说："我是你的远祖。有一尊我的雕像，三尺余高，被放在京城西南方向百余里处，世间无人知晓其年代。你可派人去找，我定会现身。届时我将在兴庆官与你相见，你将获益无穷。"官中派去的使者找到了那尊老君的玉像，和玄宗在梦中听到的分毫不差。他们正是在楼观东南方向的山谷中找到此像的，据说那里紫云垂覆，白光连天。于是，玉像被放置在兴庆官大同殿内，群臣拜之。其中，侍中牛仙客及中书令李林甫在贺辞中写道："兴庆官者，潜龙旧邸，王业所兴，当此处而告期，与嘉名而相会。"在此借平冈武夫先生的说明进行补充——"兴庆官所在之处，原本叫做隆庆坊，内有'五王子宅'，当时还是五王子之一的玄宗也在此处生活过。坊内还有一个大池塘，且时常弥漫着灵气，时而有黄龙出现，时人视之为玄宗将继承天子之位的征兆。玄宗即位后，其旧宅改名兴庆宫，池塘亦改名龙池。因为玄宗本名隆基，改名是为避'隆'字之讳。开元二年七月二十九日，坊内所有土地被划入宫域"。（《唐代的长安与洛阳地图篇》，京都大学人文科学研究所，1956）后来老君玉像被安放在兴庆宫大同殿内，玄宗还命令将其画像分发到天下各州形胜之地所建的道观"开元观"中。[①]楼观为纪念此祥瑞之事，还立了《玄元灵应颂》的碑。碑文在序中写道："玉真长公主，以天孙毓德，帝妹联贵，师心此地，杳捐代（世）情，奉黄箓以法洁，瞻白云而志远。"说的是此碑是依玉真公主的旨意而立的。玉真公主是玄宗的妹妹，年幼时就入了道门，号上清玄都大洞三景师。李白有首名叫《玉真仙人词》的诗，诗中写道："玉真之仙人，时往太华峰。清晨鸣天鼓，飙欻腾双龙。弄电不辍手，行云本无踪。几时入少室，王母应相逢。"公主同时也是李白的资助人，这位漂泊的诗人曾短暂地就职于宫中，也是因为受到公主的提拔。元代朱象先的《古楼观紫云衍庆集》记载了楼观中有玉真公主的祠堂，《盩厔县志》除了玉真祠之外，还

---

① 译注：原文如下：上梦玄元皇帝告云："吾有像在京城西南百余里，汝遣人求之，吾当与汝兴庆宫相见。"上遣使求得之于盩厔楼观山间。夏，闰四月，迎置兴庆宫。五月，命画玄元真容，分置诸州开元观。

·第五章 道教之旅·

记载了玉真公主在洛阳营建的楼观别馆——玉真观。可见楼观与公主的因缘之深。

话说回来，要如何解释使者们在楼观周边发现老君玉像一事呢？我只能解释为这是楼观道士的计策。所谓楼观即宗圣观的道士，即《玄元灵应颂》中记载的宗圣观的负责人——时任观主李元崱、监斋颜无侍、上座傅承说等人。因为如果能在楼观周边找到和玄宗梦中出现的老君一模一样的玉像，并告知天下的话，那便无人能够动摇楼观作为圣地的地位了。当时，道教的圣地并不止楼观一处。除了五岳之外，还有东汉时立下《老子铭》之碑的陈国苦县以及唐代亳州的老君庙、江南的茅山等等。各自都曾通过与当时的王朝建立联系，从而确立了自身的权威。而且，元号开元改为天宝那一年还发生了这样的事。天宝元年（742）正月八日，陈王符参军田文秀上言："玄元皇帝降于大明宫正门——丹凤门大街，命我转告天子：'天下太平、圣寿无疆。'玄元皇帝还告知我，尹喜的故居中藏有一个装着灵符的金匮。"[①]官中派遣的使者找到了田文秀所说的灵符，但不是在楼观，而是在位于陕州桃林县南方的函谷故关的尹喜台。灵符上写着"天宝万载"，恰好与刚改不久的年号吻合，玄宗自然惊喜不已。桃林县遂改名灵宝县。天宝三年之后的纪年不叫"天宝某年"而叫"天

---

① 译注：原文如下：老君降于丹凤门外，语田同秀曰：我昔日入流沙，藏一金匮灵符在尹喜旧宅，可奏帝取之。

宝某载"也是因为灵符上的"天宝万载"。虽然不知这出把戏的主谋究竟是谁,但楼观的道士们自然无法坐视不管。因为尹喜故居这个在道教大有来头的地位,搞不好在新时代开幕之际就要被灵宝县(今灵宝市)夺走了。

天宝八载(749),太白山人李浑称在太白山的金星洞遇到一位仙人,仙人告诉他玉版石记——天子长生久视(即永生)符的所在,御史中丞王鉷根据此言,顺利找到了玉版石记。如此看来,这一出寻宝戏恐怕与试图东山再起的宗圣观道士们有关。

终南山和太白山是相连的山脉。传闻岐平定在七十三岁时携众弟子登顶太白山,在山上成仙离世。玉版石记是用形如蝌蚪的古代文字写成的,无人能解,尽管如此玄宗还是毕恭毕敬地"捧玄记而纳宸极"(于邵:《玉版元记颂》序)。次年天宝九载(750),王鉷再次上报,有太白山人王玄翼称在宝山洞中遇见玄元皇帝,玄元皇帝告之可在玉石函中找到《上清护国经》、宝卷、纪录等。

可见,唐代的道教圣地——当时被称为宗圣观的"楼观"当中其实暗藏着许多类似这样的心思。

六、今日的楼观

唐朝的宗圣观似乎跟我们停车的小山丘上的说经台不是同一个地方。挂着"说经台"匾额的山门右侧有一块石头，上面刻着"四至图"，标示出了清朝时期楼观的区域范围。我们趁午餐时间去买了《四至图》的拓本。《四至图》把宗圣宫画在说经台山脚下的位置，也就是前文提到的，那片散布着榛桧巨木和石碑的麦田上。

《楼观台游览示意图》也在该位置上做了"宗圣宫遗址"的标记。民国十四年（1925）编纂的《重修盩厔县志》记载了宗圣观于宋代端拱元年（988）改名顺天兴国观，又于元代中统元年（1260）改名宗圣宫。该县志还引用了《仙境志》，按从北到南的顺序记录了楼观的建筑布局：观前为四子堂及文史三清二殿，再进为望气楼，右殿曰景阳，有丹井；左殿曰宝章。后为宗圣宫，宫后林木翠绕。有台踞高冈之上，曰说经台。换言之，刚刚我们的小巴一路驶过的土地上，曾矗立着这一系列建筑群。北起四始堂南至宗圣宫，如今早已不见踪影，只剩下散布田间的榛树、桧树和石碑。正如"楼观台简介"所说："明代以后，楼观逐渐凋敝，尤其清朝同治年间（1863年前后），曾有军队驻屯在楼观数年，对楼观造成极大的破坏。在那之后，楼观的中心就由宗圣宫转移到了说经台，因此后人才将楼观称为楼观台。"我翻阅了《盩厔县志·纪兵》之1863年，即同治二年一条，曰："正月初三日，狪匪破临川寺，黑河以东，惟甘沟、豆村二堡幸获保全，余俱大受蹂躏，未如临川寺之甚耳。"这当中并未出现宗圣宫的名字，只是记载了许多袭击当地居民的骚扰事件。所谓"狪匪"即"回匪",指的是回族起义军。因此可以认为民国十四年,《盩厔县志》编纂之时,楼观的模样应与现在无异。但县志中却不再提及宗圣宫云云,仿佛北起四始堂南至宗圣宫这一建筑群已不复存在似的。想必是因为,这一部分的内容是直接照搬清代乾隆年间编纂的前县志的吧。

我们穿过"说经台"的匾额顺着石阶往上爬,又走到一扇门下,门内立着两块石碑,分别刻着"道经"和"德经"。正面便是正殿老君庙,外墙上镶嵌着宋代苏东坡等历代名贤到访楼观时所赋的诗书的石碑,其中一块石碑写的是"天下第一福地"。老君庙中央供奉着太上老君,左右两侧供奉着关令尹喜和徐甲。徐甲也就是我们在武汉长春观见到的信者捐赠的老子画像中的侍者。

徐甲原本是老子一日百钱雇来的男仆,但老子迟迟不支付佣金,徐甲正焦急的时候,得知主人要出行远方。他正担心主人就此逃之夭夭时,出现了一位美女,美女对徐甲说:"你为何不去催催你的主人,我可是等着嫁与你为妻呢。"徐甲听了这番话头昏脑热,带着一纸诉状就到尹喜那里去告老子。尹喜将此事告诉老子后,老子说:"我收入微薄,无力雇佣男仆,我只是预借了这位男子而已。"接着老子痛斥徐甲:"我不是承诺你待我从西海大秦国、安息国回来之后一并付你黄金吗?为何你如此按捺不住反而跑来告我呢?你已服侍了我两百多年,按理说早就该一命呜呼了,而你却能保全性命,全是因为我将太玄长生符留在你的体内,而你却不知。"老子话音刚落,徐甲口中便吐出了一张字迹清晰的符,徐甲随即化成了一堆白骨。尹喜想看老子如何让徐甲起死回生,便说自愿替老子支付所有欠款,请老子让徐甲复活。老子说:"好。"将刚才从徐甲口中吐出的太玄长生符又扔回了那堆白骨上,徐甲便复活了。这便是所谓的"尸回起死,白骨成人"(《度人妙经》卷一)吧。徐甲向老子叩头谢罪后,老子让他跟尹喜拿了欠款,就将他解雇了。这则传说被记载在六朝的《神仙传》《老子化胡经》等典籍中。徐甲因曾被化作白骨而获得了"白骨真人"之名,一想到如此的可怜的人物最终也能与尹喜一同被供奉在老子身侧,不由得令人欣慰。

听说现在楼观台住着大约二十名道士,每日坚持早晚念经。虽然那天没有遇到信徒,但据说附近的信徒也会来此祈福,老君像前香火旺盛,油钱不断。这是周至县政府办公室的王佑民主任还有楼观台的道士们告诉我们的。其中,知客,也就是负责接待我们的任法融先生,皮肤晒得红里透黑,还蓄着胡须,颇有道士的风范。而且体格硬朗,怎么看也不像五十八岁的人。

那天,我们在门前的休息室享用午餐,开饭前还在终南山上漫步了一会儿。东边有一道深深的山谷,听说那便是闻仙谷。老君的玉像就是在这谷底找到的,让人不禁感慨万千。这里就是明治三十九年(1906)到四十三年

（1910）之间，在西安府陕西高等学堂执教的足立喜六先生所说的地方。那个年代，从西安来到此处有多么困难可想而知。足立先生说："距离盩厔县东南方向二十里的地方有一道黑水。顺其支流田峪川而上，可到闻仙谷。此地位于终南山北麓，古木葱郁，与道教渊源颇深，据说玄宗梦中的老子玉像就是在这闻仙谷寻得的。田峪川的清流向下奔流而去，长达数十寻，隔着渭水可望见远处的西安、咸阳、兴平等诸府县。"（《长安史迹研究》，东洋文库，1933）但那一天我们并没能眺望到一望无垠的关中平原，登上说经台后发现这说经台也只能用小巧玲珑来形容。

我们的午餐吃的是当地的蘑菇、野兔，虽然餐具、餐桌都很简陋，但比人民大厦酒店的伙食美味太多了，我们大饱口福后心满意足地离开了说经台。回去途中，小巴经过宗圣宫旧址时，我们自然要求司机停车让我们下车逗留了一会儿。走进麦田后，发现耸立在眼前的榛树、桧树和石碑，比刚才在车里望见的要高大得多。石碑的篆额尚能辨识，但最关键的正文部分已经被剥蚀了。接下来我们还要前往鸠摩罗什翻译佛经的译场——逍遥园内的草堂寺。当晚七点半还有观剧的行程，是陕西省歌舞团表演的舞台剧，叫《长相思》，主角是阿倍仲麻吕。中国之行向来行程很赶，当天的日程更是紧张，没有工夫让我们慢慢考察。我只好先拍下了"楼观先师传碑""大元重建文始殿记""大元尹宗师碑"的篆额照,下文的内容则是我回国后才查阅、整理出来的。

七、全真教复兴楼观

篆额上写着的"大元重建文始殿记",想必就是《鼓楼观紫云衍庆集》卷下收录的"大(大字后面缺一字,或为元)宗圣宫重建文始殿记"吧。文始殿供奉的是文始先生尹喜。文末可见该碑立于"大德昭阳单阏之岁阳复日"。当每十二年绕天一周的岁星——木星居于癸位,单阏居于卯位时,就叫"昭阳","大德昭阳单阏之岁"指的是元代大德癸卯之岁,即大德七年(1303)。也就是说,该石碑立于当年一阳来复的日子——冬至之日。撰者是计筹山人杜道坚。题额的是孙德彧,署名前还有一个冗长的头衔:官授保和观妙大师陕西五路西蜀四川道教提点兼领重阳万寿宫事。碑文讲述了在悠久的历史长河中楼观几经荒废,如今修复楼观是因为此地是"玄教权兴之所",即道教的发祥地,并记录了元代重建文始殿的始末——"同尘洪妙真人李公志柔,承清和大宗师命,率徒兴复,直寥阳殿北,即旧址重建文始之殿,以嗣师太和、太极二真人配焉"。文始殿供奉的本尊是文始先生尹喜,左右为其弟子太和真人与太极真人。《终南山说经台历代真仙碑记》中,太和真人被称为杜阳宫太和尹真人,太极真人被称作王屋山太极杜真人。这太和真人是尹喜的徒弟，太极真人则是被周穆王召至楼观的七位道士之一。

据《重建文始殿记》所载，同尘洪妙真人李志柔奉清和大宗师之命主持文始殿的重建工作。不只是文始殿，这两人为复兴曾一度荒废的楼观倾尽了心血。清和大宗师俗名尹志平。其事迹详见《古楼观紫云衍庆集》卷中之"大元清和大宗师尹真人道行碑"、元代李道谦《终南山祖庭仙真内传》卷下、李道谦《甘水仙源录》卷三之"清和妙道广化真人尹宗师碑铭"。其中，《甘水仙源录》收录的正是"大元尹宗师碑"的碑文。该碑文开篇写道"宗师全真嗣教六世祖也"，可知尹志平是全真教第六代教主。

全真教是十二世纪，女真族占据华北地区创立金王朝时，由重阳真人王喆创立的道教宗派之一。全真教倡导对传统道教进行改革，因此又被称为新道教。

比如，王重阳主张三教合一，倡导大家既要诵读道教经典《道德经》，也要诵读佛教经典《般若心经》、儒家经典《孝经》。它类似于佛教中的禅宗，全真教在道教中的地位，就像近代的禅宗，完全碾压了其他佛家宗派，在中国国内占据了绝对的优势。从全真教的根本教义也可以看出这一点。全真教将其教义总结为"识心见性，除情去欲，忍耻含垢，苦己利人"（《甘水仙源录》卷二之《郝宗师道行碑》）、"以识心见性为宗，损己利物为行，不资参学，不立文字"（《甘水仙源录》卷五之《诚明真人道行碑铭》)。"不资参学,不立文字"就不多作解释了,"识心见性"说的是要看破自己的心的本性,这本就是佛教禅者的主张,甚至可以称之为禅家的口号。全真教不仅要求"苦己利人""损己利物",要求教徒严格地抑制自我,还要求人要有高度的主体性。传统的道教只重视方术、符箓、烧炼(炼丹)、章醮(祭祀),因重视的方面不同而演变出不同的道教派系,而全真教则全然不同(《郝宗师道行碑》),它的创新性就在于此。

据说生于咸阳的王重阳踏入道门的直接原因是科举落榜。王重阳入了道门后,先自己在终南山麓刘蒋村盖了一座庵,位于楼观以东不远处。

如此行径在世人眼里无疑是"狂"的,然而正隆四年(1159)王重阳在甘河镇遇到两位仙人授之以口诀后,他的行为变得更加乖僻。口诀乃"秘义",只能口传,旁人无从得知。王重阳还在隔壁的南时村掘墓,称之为"活死人墓",并在墓中生活了一段时期。那可以说是活人在地上虚构的死者世界。不过,"活死人"只是指活尸吗?还是说,这是在得意地彰显他能够自在地操控自身的生死呢?尽管这在我看来颇具讽刺意味。终于,大定七年(1167)王重阳一把火烧了终南山脚下的茅庵,只留下一句"我东方有缘尔",便带着一个铁罐踏上了东方之旅。最终,他一路走到了东方的尽头——山东半岛,在当地收了七位高徒,分别是丹阳真人马钰、长真真人谭处端、长春真人丘处机、长生真人刘处玄、玉阳真人王处一、广宁真人郝大通、马钰之妻清静散人孙不二。王重阳带着马、谭、丘、刘四位弟子折返西方的途中，于大定十年（1170）在开封仙逝。弟子们将其灵柩护送回刘蒋村，葬在原来茅庵所在的位置旁边。因此当地又被称为全真教的祖庭。

此后的金元时期，王重阳的弟子们大力宣扬全真教，驱逐旧道教。前文所说的尹志平（1169—1251）便是全真七子长春真人丘处机的弟子，即王重阳的孙弟子。

应成吉思汗之召，丘处机从莱州（山东省莱州市）的昊天观出发，经过蒙古进入土耳其斯坦，到达位于阿姆河以南、兴都库什山脉北麓的成吉思汗的夏日行宫。同行的弟子李志常将这段经历写成了《长春真人西游记》，据其记录尹志平亦有同行。丘处机死后，尹志平便继承师位，入住北京长春宫，成为全真教第六代教主。尹志平谨记着全真教之所以能崛起兴盛是因为祖师王重阳的功劳。时刻挂念祖庭的他于蒙古太宗窝阔台汗八年（1236）前往祖庭营造宫观，完工之时——元太宗十二年（1240）还召集了数万名道俗，为祖师举办了盛大的葬礼，并将该宫观命名为重阳宫，以示"报本之意"。楼观就是在那时重建的，担此重任的正是同尘真人李志柔。可以说，这对于楼观而言是它作为全真教圣地的一次重生。

当时，楼观道士张致坚来到祖庭向尹志平哭诉楼观因战乱已化作废址。于是尹志平便将重建楼观的任务托付给了同行的李志柔。李志柔当时在全国各地营建的全真教地宫、观、庵已两百有余。他"率徒划荆芜，陶瓦壁"，不用十载，到了1242年时楼观的重建工作已几近完工，"雄楼杰观，粲然一新"。

中统元年（1260）朝廷赐名宗圣宫（《甘水仙源录》卷七之《终南山楼观宗圣宫同尘真人李尊师道行碑》、《古楼观紫云衍庆集》卷上之《大元重修古楼观宗圣宫记》）。尹志平和李志柔二人合力实现了楼观的振兴，世人称之为"尹李古今仙契"，是将二人的关系比作古时的尹喜与老子李耳也。

既然楼观是经全真教之手而得以复兴的，这自然就意味着，旧道教势力被驱逐出楼观，楼观自此成了全真教的道观。《终南山重建会灵观记》（《紫云衍庆集》卷中）曰："是观（楼观）之复，盖藉诸方师友之力。殿宇既立，复以执事者龃龉不合，宗师（尹志平）教札敦谕，清规遂定。"说的便是楼观重建之后，旧势力和新势力就楼观运营问题争执不下，最终根据全真教教主的教谕制定了"清规"，也就是道观规范，才成功化解了二者之间的争执。而那位为"大元重建文始殿记"题额的、头衔极其冗长的孙德彧就是全真教第十三代教主。陈垣在其著作《南宋初河北新道教考》（中华书局，1962）中带着些许蔑视的口吻写：孙德彧担任教主后，借国王大臣之力将全真教推向全盛，却也使得全真教失去了本色。

当时，全真教驱逐旧道教势力这一幕，不仅在楼观，还在全国各地纷纷上演。

全真教势力得以在全国范围内推广是因为其教义新颖，更因为全真教与元朝建立起了紧密的联系，从孙德彧身上我们就能看到这一点。此前我们曾表示希望可以参观北京的白云观，抵达北京的次日，即10月25日我们便如愿到访了位于北京市西南方、西便门外的白云观。白云观可谓全真教总本山，而为其奠定根基的正是长春真人丘处机。1979年年末，福永老师到访白云观时，此地正被征用作宿舍。到了1981年1月，白云观开始修复时，泽田瑞穗先生写了一份报告，名为《维修白云观寻访记》（《东方宗教》第57号）。报告中写道："在一座殿前，大概是邱祖殿的台阶前，露天放置着一堆神像和铜马。据李先生（负责带领参观的李养正，吉川注）所说，白云观以前曾被用作军队宿舍……但正因为白云观成了兵舍，才得以维持原状，古物才能保存完好。那些神像、铜马，也是因为道士们发现它们被遗忘在某个储物间里，才把它们搬出来的。李先生的意思是，多亏军队驻留于此，才使得白云观免受'革命'暴力的破坏和洗劫。"现在神像和铜马业已归位，修复工作也基本完工。白云观的正门上挂着"敕建白云观"的匾额和"中国道教协会"的挂牌，观内共有来自全国各地的道士近三十名。穿过白云观的大门，便是灵官殿、玉皇殿、老律堂、邱祖殿，最后是一座一楼名为四御殿、二楼名为三清阁的建筑，建筑布局跟1931年小柳司气太先生来此处调查时一样。[①]其中，邱祖殿内供奉着丘处机。

1224年，丘处机来到天长观——白云观的前身，起源于唐朝。"师受行省以下诸官之请入天长观以来，见安放圣像之处、殿阁以及道士居住的堂宇屋檐腐朽、台基坍塌、窗户阶梯损毁，不忍目睹，便命令弟子们每日进行修葺，漏损之处一一补全，倾斜之处一一扶正，终于丙戌（1226）年完工，面目焕然一新。"（岩村忍译：《长春真人西游记》，《世界非虚构作品全集》19，筑摩书房，1961）[②]次年1227年五月，成吉思汗下旨改天长观为长春宫，圣旨中有一节写道："道家之事一仰神仙处置。"这意味着成吉思汗赋予了丘处机以"神仙"的称谓。同年七月，丘处机仙逝。其弟子清和真人尹志平改长春宫东侧的建筑为白云观，在此处营建"处顺堂"，并举办了盛大的葬礼。秦失前去吊唁老子时说："适来，夫子时也，适去，夫子顺也。安时而处顺，哀乐不能入也"（《庄子·养生主》），"处顺"之名正是源自此处。如今的邱

---

① 小柳司气太：《白云观志、附东岳庙志》，东方文化学院东京研究所，1934。
② 译注：原文如下：师自受行省已下众官疏以来，悯天长之圣位殿阁、常住堂宇皆上颓下圮，至于窗户阶砌毁撤殆尽。乃命其徒日益修葺，罅漏者补之，倾斜者正之。断手于丙戌，皆一新之。

祖殿就是丘处机之墓，也就是处顺堂。

八、正一教的玄妙观

位于长江中游的武汉长春观也是全真教的道观，尽显全真教的繁盛之势，从观名就能看出长春真人丘处机在道教的地位之高，但此行我们探访的道观当中只有苏州的玄妙观并非如此。

玄妙观位于朝气蓬勃的苏州中心街区，从我们下车的地方到三清殿大概数百米，这一路有食堂，也有电影院，热闹程度不亚于东京的浅草。三清殿内供奉着三尊巨大的木像，中间是玉清大罗元始天尊，元始天尊手中握着一颗象征宇宙的红球，右侧供奉的是上清玉晨灵宝天尊，左侧供奉的是太清混元道德天尊，即老子。虽然很逼真，但在我们日本人眼里看来总觉得哪里有些不对劲，甚至有点怪诞。这三尊像的左后方放置着老子像碑，上有题字云"玄宗皇帝御赞、颜真卿书、吴道子画"。"玄宗皇帝御赞"指的便是前文提及的、以"爱有上德，生而长年"开篇的《玄元皇帝赞》。至于这块出自最具代表性的唐代书法家和画家之手的石碑为何会被放在此处，石碑的左侧有说明如下："太上混元皇帝（老子）圣像，乃吴道子笔。获斯本久矣，不敢珍藏，谨捐财，命工刊石，以广其传。宝庆初元民岁腊日，姑苏□□观上清大洞道士臣冯大同。"宝庆为南宋理宗的年号，宝庆元年即公元1225年，民岁腊日为十月一日。当天是五腊日之一，是道教信徒们祭祀先祖的日子（《云笈七签》卷三七）。这块石碑是按照拓本篆刻的，当时北京的白云观正在丘处机的指挥下如火如荼地进行修葺当中。

我们原本打算以参拜者或者游客的身份在三清殿内转一圈便走，不料被八十五岁高龄的张筱轩法师和周秋涛、任俊臣道士邀请到三清殿的一间小屋内，玄妙观不但氛围热闹，对宾客的欢迎之意也相当热烈。虽然屋里关着门，殿内熙熙攘攘的声音还是听得清清楚楚。张法师拿着事先准备好的草稿，用苏州话跟我们讲起了玄妙观的历史——"我们玄妙观起源于西晋时代的真庆道院"云云。虽然此次苏州之行的陪同，苏州市外事办公室的管瑞华女士已为我们将张法师的苏州话翻译成了普通话，但由于张法师讲话的节奏过于慢条斯理，有人按捺不住探起身来想偷瞄法师的草稿，却发现根本无法辨识法师的字迹。而且，张法师停顿的时候，周秋涛道士便立马站起来开始他高亢激昂的演讲，以致现场一度陷入极度混乱的状况当中。在这样乱哄哄的场面下，张法师终于读完了他的稿子，结束时还说了一句："以上抄自《玄妙观志》。"让众人无不瞠目结舌。

接下来张法师回答我们的提问时更是妙趣横生——原来玄妙观并非全真教，而是正一教的道观！

正一教乃旧道教，起源于二世纪东汉时期的天师道，据传太上老君亲临巴蜀鹄鸣山，授予日后将担任第一代教主的张道陵以"正一盟威之道"，教名"正一教"便出于此。天师道经祖天师张道陵、二代嗣师张衡、三代系师张鲁三代的努力，从巴蜀传到汉中，教徒规模不断扩大，某种程度上可以说形成了一个神权国家。记不清是张法师还是周道士说的，"如今的教主也在龙虎山"，说明在那之后，天一教的根据地转移到了江西省的龙虎山。教主，即天师的地位，与教主的象征物——印玺和剑一同被张氏一族传承下来。明代撰述的《汉天师世家》就记录着从祖天师张道陵到第四十九代天师张永绪的族谱和教史。据《汉天师世家》所载，龙虎山是张道陵入蜀之前炼丹的地方，四代天师张盛根据张鲁的遗命，将天一教的根据地搬到此处。遗命中说："龙虎山祖师玄坛在焉，其地天星照应，地气冲凝，神人所都。丹竃（炼丹的炉）秘文，藏诸岩洞，汝宜往宣吾化，修炼累功。"但开诚布公地讲，《汉天师世家》当中能称之为传记的部分充其量只有第三十代天师张继先及此后的部分。第四十三代天师张宇初在为《汉天师世家》撰写后序时，特意提及张继先，写道："大观崇宁间（十二世纪初），虚靖真君（张继先）出焉，其神功妙应，一发于御气炼形之实，而后益振"，更证实了这一点。张继先恰好仙逝于靖康元年（1126）十一月二十三日，也就是北宋都城开封被金国攻陷之时。

他一生都生活在江南,死后全真教才被推广到华北大地。元朝世祖忽必烈征服江南后,第三十六代天师张宗演于至元十三年(1276)被召至宫中,忽必烈赐予其真人之号与"主江南诸路道教事"之名。当时同行的弟子张留孙深得忽必烈圣心,直到他于英宗至治元年(1321)在大都北京逝世之前,一直留侍阙下。期间,张留孙用私人财产在大都齐化门外购置了一块土地准备营建庙宇,但真正建成是在他死后,由吴全节继承其遗志主持建成的。那座庙宇便是供奉东岳泰山之神的东岳庙。古代中国人将山东泰山视为死者灵魂的聚集之地,所以人们才敬畏、相信泰山神,把泰山神当作掌握人类命运的神。正如晋代张华在《博物志》中所言:"泰山,天帝孙也,主召人魂,东方万物始成,故知人生命长短。"

10月26日下午,我们结束了天坛的参观行程后,一致同意利用当天剩余的时间去参观东岳庙。东岳庙位于北京市东北部的朝阳门街,正好与前天参观过的白云观隔着故宫左右对称。但如今,东岳庙已成了一个工厂,我们与管理人再三斡旋后还是没能入内参观,只能在门前偷看一眼那深幽的殿宇,拍一拍门前精美的琉璃牌楼就撤退,实在令人遗憾。

总之,如前文所述,在全真教蓬勃发展的元代,正一教也并没有被斩草除根。被视为"主江南诸路道教事"的天师家的根据地——龙虎山,也保住了江南道教总本山的地位。后来明太祖朱元璋打倒元兵，洪武九年（1376），"正一教主、嗣汉四十二代天师、护国阐祖通诚崇道弘德大真人、领道教事"张正常将《世家》一卷托付给傅同虚，让其请开国功臣宋濂作序，最终由第四十三代天师张宇初将《汉天师世家》刊行付梓。此后正一教天师世世代代不断续写《汉天师世家》，现存版本一直记录到了第四十九代天师。书中尤其彰显了天师家与王朝的深厚联系，颇有引以为豪之感。书中记载了第四十八代天师时，为收藏累朝宸翰[1]，龙虎山上特意修建了敕书阁一事，这就是一个具有代表性的例子。

玄妙观的张法师和周道士们浓墨重彩地强调了正一派的特色，提到"现在这里有十名道士，念的经也是我们自己选的。北方念的是《道德经》，我们念的是《清静经》"。此处的"北方"应该是针对全真教所说的。《清净经》是一篇不足四百字的道教经典，开篇有言："老君曰：大道无形，生育天地；大道无情，运行日月；大道无名，长养万物……吾不知其名，强名曰道。"他们接着说："我们最大的愿望不是长生不死，而是长生不老，所以我们可以结婚，也会吃肉。"

有无娶妻是区分正一教和全真教的重要标志之一。他们还说道："即便是在元代，我们也从未曾归属于全

---

[1] 译注："宸翰"意为帝王的墨迹，一般指皇帝亲笔手诏、御札之类。

真派",可以感受到话语背后流露着一股不屈不挠的强悍气魄。

我们津津有味地听着他们这番热血澎湃的说明,甚至忘了接下来还要去参观虎丘寺和寒山寺。至于那《玄妙观志》到底是怎么样的书物,至今尚且是个谜。

记于1983年1月28日

后　记

本书收录了五篇文章，主题涉及中国宗教、宗教相关的内容以及尚未上升为宗教思想的中国人的生死观，各篇文章的发表时间和收录刊物如下：

第一章《如魂气无不之也》，刊于筑摩书房《展望》1976年6月号。《展望》收录此文时，编辑添加了副标题"探访汉墓所思"，本书删除了该副标题。

第二章《寒食散与仙药》，刊于平凡社《月刊百科》233号，1981年5月。

第三章《梦的记录——〈周氏冥通记〉》，尚未发表。

第四章《佛在于心——从〈白黑论〉到姚崇的〈遗令诫子孙文〉》，刊于京都大学人文科学研究所《中国中世的宗教与文化》，1982年3月。

第五章《道教之旅》，刊于平凡社《月刊百科》250—252号，1983年8月—10月。

开篇的第一章和结尾的第五章是采用了中国游记的形式写成的杂感文。1975年12月19日到1976年1月8日，我作为"中国研究者友好参观团"的一员访问中国，本书的第一章就是为当时的所见所闻所触发而写成的。

· 后 记 ·

那是我第一次访问中国,而且当时中国还处于"文化大革命"时期,虽然已经进入了尾声,但在那种紧张的氛围中旅行,如今回想起来更让人倍感怀念。我在第一章提到:"近来中国对秦始皇的评价甚高,而抨击以孔子思想为理论指导的奴隶主贵族阶级,将秦始皇塑造成了建立中国第一个中央集权统一国家的封建地主阶级之王",这么说是因为当时中国史学界正处于儒法斗争的高潮。还记得我们回国那一天,收到了周恩来总理逝世的消息。另外,第五章是基于1982年10月24日至11月11日,我参加"道教遗址参观团"时的见闻所写的。

1979年春天,在这两次旅行之间,我作为"中国文学研究者访华团"的成员又一次来到洛阳,有幸再次见到第一章所写的劳动人民公园的汉墓。却没有第一次那么兴奋了,这只是因为我已经来过一次了吗?个中原因我也说不清楚。原本"清冽无比,让人不禁想取一瓢饮"的涧水已经没有了当初的清冽,变得像淤泥一般黑而浑浊。或许这也是原因之一吧。龙门石窟前的伊水,也给我留下了同样的印象。

今年(1984)春天我在中国待了三个月,其中3月20日到5月11日接近五十天的时间我一直待在西安。跟以往的三次访华经历不同,这是我第一次独自一人来到中国。现在的西安是一座小巧玲珑的城市,面积大概不到古都长安的几分之一。那堵至今还保存完好的城墙,建于明代,而非唐代。整个西安都在城墙的包围之内，而我几乎用自己的双脚丈量了城墙内的每一个角落。出发前我最期待的是能去陕西省博物馆参观碑林，此行至今我已去过十多次了。我还踩着自行车去了西安近郊的秦代阿房宫、汉代未央宫、唐代曲江池的遗址。我在第一章中写道，1975年的时候，我只能站在华清池的捉蒋亭远远地眺望秦始皇陵，现也终于如愿来到现场一睹真容。所以只要我想去的话，第五章的楼观也完全可以再去一次。但我并没有这么做，大概是因为内心还是想将那一年半前的回忆好好珍藏在心底吧。而且现在我也不后悔当时没有再去一次。

要说后悔的话，1982年我们"道教遗址参观团"一行人到中国各地的宗教圣地参观，最终却没能去成茅山，此事最让人后悔。虽然楼观、庐山之行大家都非常满足，但参观茅山是我们最大的心愿。茅山陶弘景不仅对六世纪的中国具有影响力，他还是一个给唐代的道教带了极大影响的思想家，近年来他在我心目中占据的分量也越来越重。可以说本书的第三章构成了我的"陶弘景论"的序章，很遗憾最终未能实地探访茅山，但我把对茅山的心驰神往都写进了这一章当中。

第四章则如标题所言，探究了中国人佛教信仰的变化轨迹，从把佛作为礼拜对象到将佛存于心中。虽然本书只有这一章探讨了有关佛教的问题，不过，第三章所写的陶弘景的《真诰》和《周氏冥通记》中也有如下记述：

谁云幽鉴难，得之方寸里。(《真诰·运题象第一》)

得道悉在方寸之里耳，不必须形劳神损也。(《周氏冥通记》卷二，六月十二日条)

"怂恿"我以这样的方式来总结此书的是平凡社编辑部的岸本武士君，同时，他也是九年前"中国研究者友好参观团"的团员之一。

1984年11月

吉川忠夫

壹卷
YE BOOK

洞 见 人 和 时 代

官方微博：@壹卷YeBook
官方豆瓣：壹卷YeBook
微信公众号：壹卷YeBook
媒体联系：yebook2019@163.com

壹卷工作室
微信公众号